LET'S TALK!

MODERN HEBREW FOR TEENS

Dialogues:
Pearl Tarnor and Nili Ziv

Activities:
Nina Woldin

Behrman House, Inc.
www.behrmanhouse.com

Book and Cover Design: Joe Buchwald Gelles
Art by Ron Zalme
Project Editor: Terry S. Kaye

The publisher gratefully acknowledges the cooperation
of the following sources of photographs for this book:

El Al Airlines 11, 14, 24; Gila Gevirtz 21, 30, 43, 51, 55, 60, 74; Hara Person 37;
Creative Image Photography 67; Israel Ministry of Tourism 81; Michael Wasserman 86

www.behrmanhouse.com

Contents

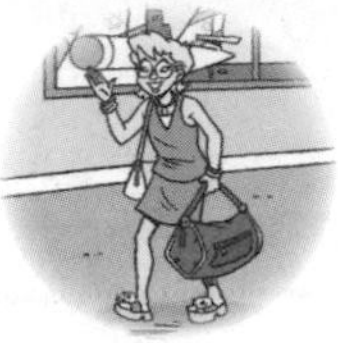

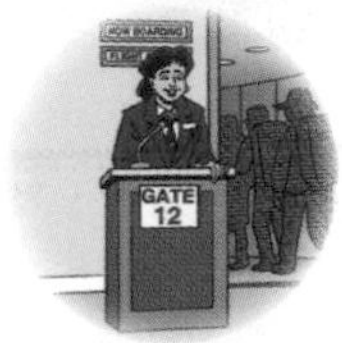

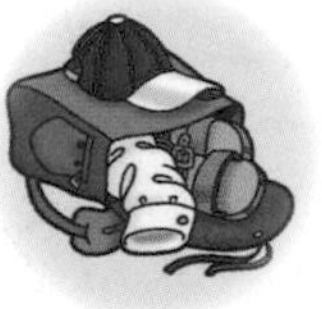

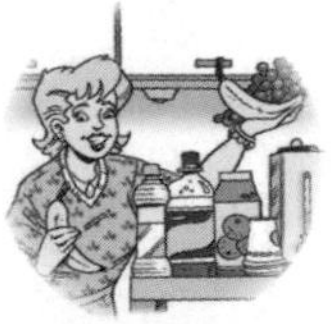

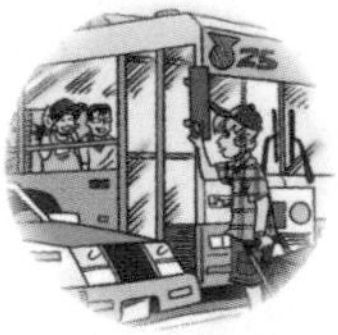

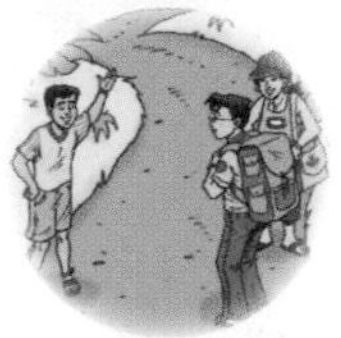

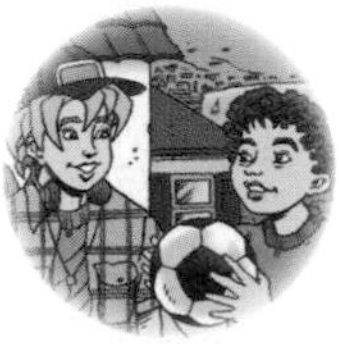

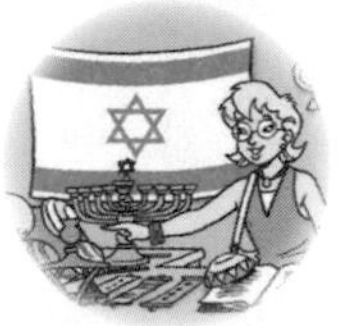

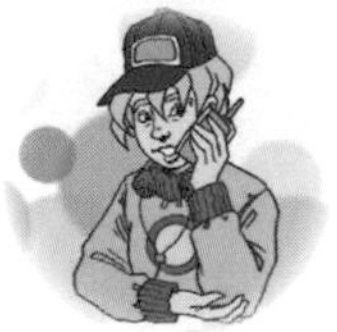

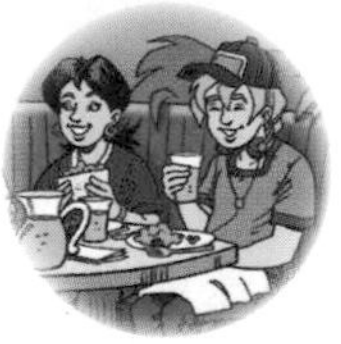

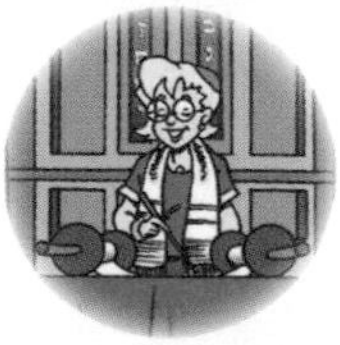

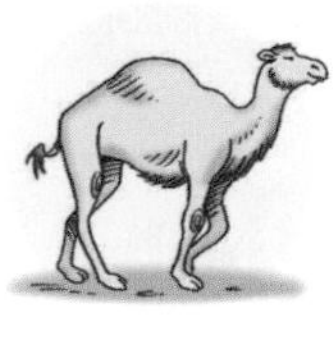

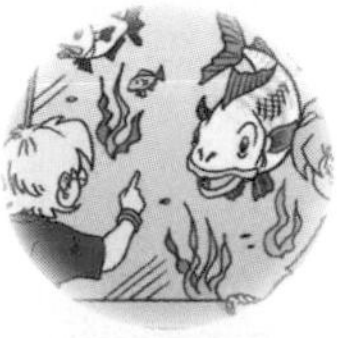

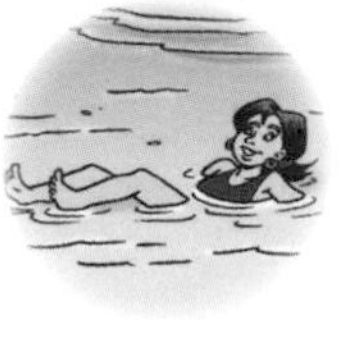

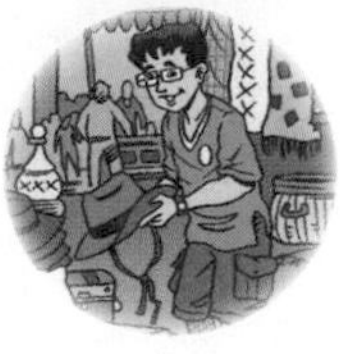

דָנִיאֵל
מַיָה

1 שָׁלוֹם

FOUR YOUNG TRAVELERS — Maya, Ben, Daniel, and Dinah — meet at the airport in New York on their way to Israel and introduce themselves to one another.

מַיָה: אֲנִי מַיָה,
מִי אַתָּה?

בֵּן: אֲנִי בֵּן.

מַיָה: שָׁלוֹם בֵּן.

מַיָה: מִי אַתָּה?

דָנִיאֵל: אֲנִי דָנִיאֵל.

בֵּן: שָׁלוֹם דָנִיאֵל.

בֵּן: מִי אַתְּ?

מַיָה: אֲנִי מַיָה, שָׁלוֹם.

בֵּן: מִי אַתְּ?

דִּינָה: אֲנִי דִּינָה.

בֵּן: שָׁלוֹם דִּינָה.

דָּנִיאֵל: אַתְּ דִּינָה?

דִּינָה: כֵּן, אֲנִי דִּינָה.

דָּנִיאֵל: אַתְּ מַיָה?

מַיָה: כֵּן, אֲנִי מַיָה.

דִּינָה: אַתָּה בֵּן?

דָּנִיאֵל: לֹא, אֲנִי דָּנִיאֵל.

מַיָה: אַתָּה דָּנִיאֵל?

בֵּן: לֹא, אֲנִי בֵּן.

מלון

hello, good-bye, peace	שָׁלוֹם
I	אֲנִי
who	מִי
you (m)	אַתָּה
you (f)	אַתְּ
yes	כֵּן
no	לֹא

Who Am I?

Answer each question by writing the correct Hebrew name in the space below the picture.

בֵּן מַיָה דָנִיאֵל דִינָה

1. מִי אַתְּ? אֲנִי ________

2. מִי אַתָּה? אֲנִי ________

3. אַתָּה ________ ? לֹא, אֲנִי ________

4. אַתְּ ________ ? לֹא, אֲנִי ________

Search and Circle

Circle the English meaning of each Hebrew word.

1. שָׁלוֹם	yes	hello	I
2. כֵּן	hello	no	yes
3. אַתָּה	who	you (m)	you (f)
4. לֹא	I	no	yes
5. מִי	who	I	you (f)
6. אֲנִי	who	hello	I

Word Search

Write the English meaning next to each Hebrew word.

____________	אֲנִי
____________	מִי
____________	אַתָּה
____________	אַתְּ
____________	לֹא

Now find and circle each of the Hebrew words in the grid on the right.

ה	א	ל
א	נ	מ
תּ	י	מ
ה	תּ	א

Make the Connection

Draw a line to connect each Hebrew word to its English meaning.

I	שָׁלוֹם
hello	כֵּן
who	אַתָּה
you (m)	לֹא
yes	מִי
no	אַתְּ
you (f)	אֲנִי

Who Are You?

Work with a partner. Fill in the blank spaces below using your Hebrew name and your partner's Hebrew name.

You: אֲנִי ______________. מִי אַתָּה/אַתְּ?

Your partner: אֲנִי ______________.

You: שָׁלוֹם ______________.

Your partner: שָׁלוֹם ______________.

Picture Perfect

Draw a picture of yourself. Then write a Hebrew caption introducing yourself.

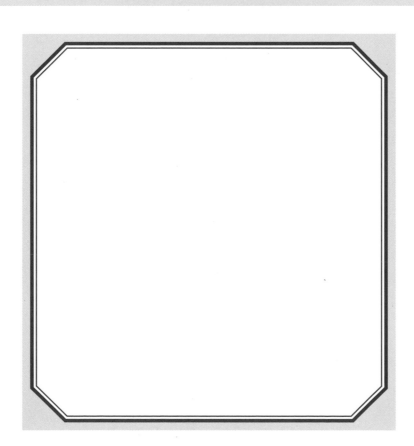

Pass the Pencil

Work in groups of three or more. One person reads the first line out loud, checks it off with a pencil, then passes the pencil to the next person. The second person reads the next line, checks it off, and so on. Repeat the activity until everyone has read all the lines.

☐ מִי אַתְּ?

☐ אֲנִי דִינָה.

☐ שָׁלוֹם דִינָה.

☐ מִי אַתָּה?

☐ אֲנִי בֵּן.

☐ שָׁלוֹם בֵּן.

☐ אַתָּה בֵּן?

☐ לֹא, אֲנִי דָנִיאֵל.

☐ שָׁלוֹם דָנִיאֵל.

☐ אַתְּ דִינָה?

☐ לֹא, אֲנִי מַיָה.

☐ שָׁלוֹם מַיָה.

Triple Riddle

Circle every third letter below.
Write the circled letters in the blank spaces
to find the answer to the following riddle:
Which Hebrew word has three different meanings?

א ג שׁ ד ת ל מ צ וֹ פ ר ם

____ ____ ____ ____ (ָ)

The three meanings are *hello*, *good-bye*, and *peace*.
שָׁלוֹם

2 נוֹסְעִים לְיִשְׂרָאֵל

MAYA IS TRAVELING with her parents.
The young people tell one another
where they come from.
The passengers are ready to board.

דָנִיאֵל: אֲנִי מִלּוֹס-אַנְגְ'לֶס.

דִינָה: אֲנִי מִטוֹרוֹנְטוֹ, קַנָדָה.

בֵּן: אֲנִי מִמֶקְסִיקוֹ.

מַיָה: וַאֲנִי מִנְיוּ-יוֹרְק.
הִנֵה אַבָּא שֶׁלִי.
וְהִנֵה אִמָא שֶׁלִי.

בֵּן וְדִינָה: שָׁלוֹם.

אַבָּא שֶׁל מַיָה: אֲנַחְנוּ נוֹסְעִים לְיִשְׂרָאֵל.

דָנִיאֵל: גַם אֲנִי נוֹסֵעַ לְיִשְׂרָאֵל.

דִינָה: גַּם אֲנִי נוֹסַעַת.

בֶּן: גַּם אֲנִי.

אִמָּא שֶׁל מַיָה: שָׁלוֹם נְיוּ-יוֹרְק,
אֲנַחְנוּ נוֹסְעִים לְיִשְׂרָאֵל.

נוֹסְעִים לְיִשְׂרָאֵל.

מִלּוֹן

my, mine	שֶׁלִי	travels (m/f)	נוֹסֵעַ/נוֹסַעַת
mother	אִמָּא	travel (m/f pl)	נוֹסְעִים/נוֹסְעוֹת
of, belonging to	שֶׁל	from	מ___
we	אֲנַחְנוּ	and	וְ___ ,וּ___
to	לְ___	here is/are	הִנֵּה
also	גַּם	father	אַבָּא

Where Do They Come From?

Complete each sentence by writing the Hebrew name of the place where each person lives.

אֲנִי מִ________.
אֲנִי מִ________.
אֲנִי מִ________.
אֲנִי מִ________.
אֲנַחְנוּ מִ________.

A Perfect Fit

Circle the correct form of the verb in each sentence.

1. אִמָּא: אֲנִי נוֹסֵעַ/נוֹסַעַת לְיִשְׂרָאֵל.
2. דִּינָה: אֲנִי נוֹסֵעַ/נוֹסַעַת לְלוֹס-אַנְגְ'לֶס.
3. אַבָּא: גַּם אֲנִי נוֹסֵעַ/נוֹסַעַת לְלוֹס-אַנְגְ'לֶס.
4. בֵּן: אֲנִי נוֹסֵעַ/נוֹסַעַת לְקַנָדָה.
5. דָּנִיאֵל: אֲנִי נוֹסֵעַ/נוֹסַעַת לְמֶקְסִיקוֹ.
6. מַיָה: גַּם אֲנִי נוֹסֵעַ/נוֹסַעַת לְמֶקְסִיקוֹ.

Have a Nice Trip!

Write the number of the airplane ticket next to its matching Hebrew.

1
from
NEW YORK
to
LOS ANGELES

3
from
ISRAEL
to
LOS ANGELES

4
from
NEW YORK
to
TORONTO

2
from
ISRAEL
to
MEXICO

5
from
CANADA
to
ISRAEL

___ מִקַנָדָה לְיִשְׂרָאֵל

___ מִנְיוּ-יוֹרְק לְטוֹרוֹנְטוֹ

___ מִיִשְׂרָאֵל לְמֶקְסִיקוֹ

___ מִיִשְׂרָאֵל לְלוֹס-אַנְגְ׳לֶס

___ מִנְיוּ-יוֹרְק לְלוֹס-אַנְגְ׳לֶס

You're the Author!

Make up your own story by picking a word from the choices on each line.
Remember: The verb must match masculine or feminine words. Then read your story out loud.

1. שָׁלוֹם. אֲנִי מַיָה/דָנִיאֵל/בֵּן.
2. אֲנִי מִמֶקְסִיקוֹ/מִנְיוּ-יוֹרְק/מִלוֹס-אַנְגְ׳לֶס.
3. אֲנִי נוֹסֵעַ/נוֹסַעַת/נוֹסְעִים לְיִשְׂרָאֵל/לְקַנָדָה.
4. הִנֵה אַבָּא/אִמָא שֶׁלִי.
5. גַם אַבָּא שֶׁלִי נוֹסֵעַ/נוֹסַעַת/נוֹסְעִים לְיִשְׂרָאֵל/לְקַנָדָה.
6. אִמָא נוֹסַעַת? כֵּן/לֹא.
7. שָׁלוֹם מֶקְסִיקוֹ/נְיוּ-יוֹרְק/לוֹס-אַנְגְ׳לֶס.
8. אֲנַחְנוּ נוֹסְעִים לְיִשְׂרָאֵל/לְקַנָדָה.

Jet Set

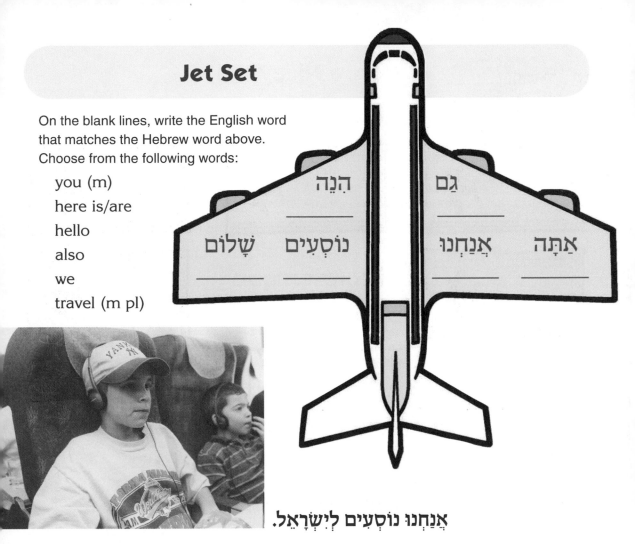

On the blank lines, write the English word that matches the Hebrew word above. Choose from the following words:

you (m)

here is/are

hello

also

we

travel (m pl)

הִנֵּה

גַּם

נוֹסְעִים   שָׁלוֹם

אֲנַחְנוּ   אַתָּה

אֲנַחְנוּ נוֹסְעִים לְיִשְׂרָאֵל.

Yes or No?

Read the story on pages 10-11.
Then answer each question by writing כֵּן or לֹא.

1. דָּנִיאֵל מִלּוֹס-אַנְגֵ׳לֶס?   _____

2. בֶּן נוֹסֵעַ לְטוֹרוֹנְטוֹ?   _____

3. מַיָה נוֹסַעַת לְיִשְׂרָאֵל?   _____

4. דִינָה מִנְיוּ-יוֹרְק?   _____

5. אַבָּא וְאִמָּא נוֹסְעִים לְיִשְׂרָאֵל?   _____

6. מַיָה וְדִינָה נוֹסְעוֹת לְחֵיפָה?   _____

14

Make the Connection

Connect each word or phrase in column א with a matching verb in column ב. The first example has been completed for you.

א	ב
דָּנִיאֵל	נוֹסַעַת
אַתְּ	נוֹסְעִים
אֲנַחְנוּ	נוֹסְעוֹת
מַיָה וְדִינָה	נוֹסֵעַ
אַתָּה	נוֹסְעִים
אַבָּא וְאִמָּא	נוֹסֵעַ
מַיָה	נוֹסַעַת

Tricky Travel

Write the Hebrew words from the list below on the blank lines next to the matching English. Then complete the sentence at the bottom by copying the letters from the boxes.

הִנֵּה נוֹסַעַת גַּם נוֹסֵעַ שָׁלוֹם שֶׁלִּי

here is/are ___ ☐ ___

hello, good-bye, peace ___ ☐ ___ ___

travels (f) ___ ___ ☐ ___ ___

travels (m) ☐ ___ ___ ___

my, mine ☐ ___ ___

also ☐ ___

אַבָּא וְאִמָּא ___ ___ ___ ___ ___ ___ לְיִשְׂרָאֵל.

3 מַה בַּתִּיק?

ON THE AIRPLANE, the four young travelers discuss the contents of their backpacks.

דִּינָה: הַתִּיק שֶׁלִּי גָּדוֹל.

בֵּן: גַּם הַתִּיק שֶׁלִּי גָּדוֹל.
אֲנִי נוֹסֵעַ לַקִּבּוּץ.

דִּינָה: גַּם אֲנִי נוֹסַעַת לַקִּבּוּץ.

מַיָה: מַה יֵּשׁ בַּתִּיק?

דִּינָה: יֵשׁ סַנְדָּלִים, יֵשׁ כּוֹבַע גָּדוֹל
וְיֵשׁ גַּם בְּגָדִים.

בֵּן: בַּתִּיק שֶׁלִּי יֵשׁ סַנְדָּלִים,
יֵשׁ בְּגָדִים, אֲבָל אֵין כּוֹבַע!
אוֹי, הָרֹאשׁ שֶׁלִּי.

דָנִיאֵל: בֵּן, הִנֵּה כּוֹבַע.
יֵשׁ לִי כּוֹבַע בַּתִּיק,
וְיֵשׁ לִי גַּם כּוֹבַע עַל הָרֹאשׁ.

בֵּן: תּוֹדָה, דָנִיאֵל.
עַכְשָׁו יֵשׁ לִי כּוֹבַע,
אֲבָל אֵין לִי רֹאשׁ . . . .

מִלּוֹן

what	מָה
in, in the	בְּ__, בַּ__
bag, backpack	תִּיק
the	הַ__
big (m/f)	גָּדוֹל/גְּדוֹלָה
kibbutz	קִבּוּץ
there is/are	יֵשׁ
sandals	סַנְדָּלִים
hat	כּוֹבַע
clothes	בְּגָדִים
but	אֲבָל
there is/are not	אֵין
head	רֹאשׁ
I have	יֵשׁ לִי
on	עַל
thank you	תּוֹדָה
now	עַכְשָׁו
I don't have	אֵין לִי

Search and Circle

Circle the English meaning for each Hebrew word below.

because	but	on	1. אֲבָל
in	what	who	2. מַה
the	big	in	3. גָּדוֹל
on	head	because	4. רֹאשׁ
thank you	but	hello	5. תּוֹדָה
hello	now	because	6. עַכְשָׁו

In the Bag

Draw a line connecting the Hebrew word to the matching item in the picture.

בְּגָדִים
כּוֹבַע

תִּיק
סַנְדָּלִים

Artist at Work

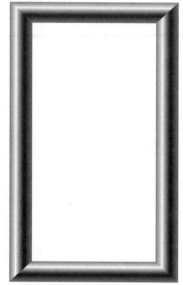

Draw one picture of yourself to illustrate all three Hebrew sentences below.

יֵשׁ לִי תִּיק.

יֵשׁ לִי סַנְדָּלִים.

יֵשׁ לִי כּוֹבַע.

Now draw yourself again to illustrate the following sentences.

אֵין לִי כּוֹבַע.

אֵין לִי סַנְדָּלִים.

אֵין לִי תִּיק.

Crossword Puzzle

DOWN:
1. bag, backpack
2. big (m)
3. clothes
4. here is, here are

ACROSS:
5. who
6. kibbutz
7. sandals

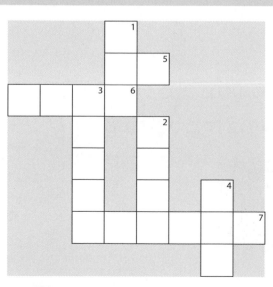

A Perfect Fit

Circle words of your choice to create your own sentences. (Hint: Pay attention to masculine and feminine words!) Read your sentences out loud.

1. אֲנִי/אַתָּה   נוֹסֵעַ/נוֹסַעַת   לַקִבּוּץ/לְקַנָדָה.

2. יֵשׁ לִי/אֵין לִי   כּוֹבַע/סַנְדָלִים   בַּתִּיק/עַל הָרֹאשׁ.

3. יֵשׁ סַנְדָלִים/בְּגָדִים   בַּתִּיק   שֶׁלִי/שֶׁל אַבָּא.

4. דִינָה/בֶּן וְאַבָּא   נוֹסַעַת/נוֹסְעִים   לְיִשְׂרָאֵל/לְנִיוּ-יוֹרְק.

Picture Match

Check the sentence that best describes each picture.

□ עַכְשָׁו יֵשׁ לִי כּוֹבַע.
□ יֵשׁ כּוֹבַע גָדוֹל בַּתִּיק.
□ יֵשׁ לִי רֹאשׁ, אֲבָל אֵין לִי כּוֹבַע.

□ הִנֵה אִמָא.
□ נוֹסְעִים לְיִשְׂרָאֵל.
□ יֵשׁ סַנְדָלִים בַּתִּיק.

□ אַבָּא שֶׁל מַיָה נוֹסֵעַ לַקִבּוּץ.
□ הַבְּגָדִים שֶׁל מַיָה בַּתִּיק.
□ יֵשׁ סַנְדָלִים.

□ אֵין לִי תִּיק.
□ הִנֵה אַבָּא שֶׁלִי.
□ תּוֹדָה, עַכְשָׁו יֵשׁ לִי תִּיק.

Word Search

Read the Hebrew word in each box. Then find the word in the chain of letters and circle it. Write the meaning on the blank line.

אֲבָל	בַּסְכּוֹעשֶׁתאֲבָל	____________
בְּגָדִים	גֵתדבְּגָדִיםמְבַג	____________
נוֹסֵעַ	לְגנוֹסֵעַתּוֹעַלתּ	____________
גָדוֹל	שִׁידָהמְגָדוֹלִי	____________
שָׁלוֹם	בַּעֲשִׁיֵשָׁלוֹםלַיד	____________

Charades

Play charades with a classmate. Choose one of the sentences below (don't tell!) and act it out. Your classmate should describe in Hebrew what you are doing. Then switch roles.

1. יֵשׁ כּוֹבַע גָדוֹל עַל הָרֹאשׁ.
2. מִי אַתָּה/מִי אַתְּ?
3. יֵשׁ בְּגָדִים, אֲבָל אֵין כּוֹבַע.
4. אֲנִי נוֹסֵעַ/אֲנִי נוֹסַעַת.
5. הַסַנְדָלִים בַּתִּיק.
6. אוֹי, הָרֹאשׁ שֶׁלִי.

הִנֵּה בְּגָדִים. יֵשׁ תִּיק אֲבָל אֵין כּוֹבַע.

מִי רוֹצֶה לֶאֱכוֹל?

4

DURING THE FLIGHT,
Maya's mother offers snacks.

אִמָּא: מִי רוֹצֶה לֶאֱכוֹל?
יֵשׁ לִי פֵּרוֹת.

דָּנִיאֵל: תּוֹדָה. אֲנִי רוֹצֶה בַּנָנָה בְּבַקָשָׁה.

אִמָּא: דִּינָה, אַתְּ רוֹצָה פְּרִי?

דִּינָה: כֵּן, אֲנִי רוֹצָה עֲנָבִים.

מַיָה: גַם אֲנִי רוֹצָה עֲנָבִים.
בֶּן, אַתָּה רוֹצֶה לֶאֱכוֹל?

בֶּן: לֹא תּוֹדָה,
אֲנִי לֹא רוֹצֶה לֶאֱכוֹל,
אֲנִי רוֹצֶה לִשְׁתּוֹת מַיִם.

דָּיל: יֵשׁ לִי מַיִם, יֵשׁ לִי קוֹלָה
וְיֵשׁ לִי מִיץ פֵּרוֹת.
(flight attendant)

22

בֵּן: אֲנִי רוֹצֶה לִשְׁתּוֹת מַיִם בְּבַקָּשָׁה.

דָּיָל: יֵשׁ לִי גַּם תֵּה וְגַם קָפֶה.

אַבָּא: אֲנִי רוֹצֶה קָפֶה עִם חָלָב.

דָּיָל: יֵשׁ קָפֶה, אֲבָל אֵין חָלָב.

אַבָּא: אֵין חָלָב?
אֲנִי לֹא רוֹצֶה קָפֶה.
אֲנִי רוֹצֶה תֵּה עִם סוּכָּר.

דָּיָל: אֵין סוּכָּר.

אַבָּא: אֵין סוּכָּר?
אֲנִי לֹא רוֹצֶה תֵּה.

אִמָּא: אַתָּה רוֹצֶה בַּנָּנָה?

מִלּוֹן

רוֹצֶה/רוֹצָה	wants (m/f)	מַיִם	water
רוֹצִים/רוֹצוֹת	want (m/f pl)	מִיץ	juice
לֶאֱכוֹל	to eat	תֵּה	tea
פְּרִי, פֵּרוֹת	fruit	קָפֶה	coffee
בְּבַקָּשָׁה	please	עִם	with
עֲנָבִים	grapes	חָלָב	milk
לִשְׁתּוֹת	to drink	סוּכָּר	sugar

Bunch of Grapes

Write the number of the Hebrew words next to the matching English words.
You will have four Hebrew words left. Write a sentence with those four words.

4 מִיץ   **3** בְּבַקָשָׁה   **2** קָפֶה   **1** בֵּן

9 פֵּרוֹת   **8** לֶאֱכוֹל   **7** עֲנָבִים   **6** רוֹצֶה   **5** תֵּה

tea ___   juice ___   coffee ___   please ___   fruit ___

Write your Hebrew sentence here: _____

Now write it in English: _____

אֵין עֲנָבִים, אֵין בַּנָנָה.
יֵשׁ מִיץ? יֵשׁ פֵּרוֹת?

24

A Perfect Fit

Circle the correct form of the verb in each sentence.
Then read each sentence aloud, adding in the Hebrew word represented by the picture at the end of each sentence.

1. דִינָה רוֹצֶה/רוֹצָה לֶאֱכוֹל .
2. מַיָה וְדָנִיאֵל רוֹצֶה/רוֹצִים לִשְׁתּוֹת .
3. בֵּן לֹא רוֹצֶה/רוֹצָה לִשְׁתּוֹת .
4. אִמָא נוֹסַעַת/נוֹסְעִים עִם .
5. אַבָּא רוֹצֶה/רוֹצָה לֶאֱכוֹל .
6. מַיָה וְאִמָא רוֹצָה/רוֹצוֹת לִשְׁתּוֹת .

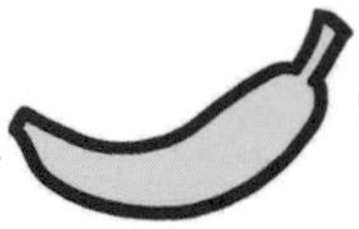

Eat or Drink?

Write each of the words below in the **לֶאֱכוֹל** ("to eat") or **לִשְׁתּוֹת** ("to drink") column.

פֵּרוֹת מִיץ קָפֶה תֵּה עֲנָבִים מַיִם חָלָב סוּכָּר בַּנָנָה קוֹלָה

לִשְׁתּוֹת	לֶאֱכוֹל
____________	____________
____________	____________
____________	____________
____________	____________
____________	
____________	

Circle the food and drink you like best.

Make the Connection

Draw a line to connect the words that are opposites or pairs.

אֵין   כֵּן

בְּבַקָשָׁה   יֵשׁ

לֶאֱכוֹל   תּוֹדָה

לֹא   לִשְׁתּוֹת

What's Happening?

Write the number of the Hebrew sentence that best decribes what you see in each picture.

1. יֵשׁ לִי בַּנָנָה.

2. מַיָה נוֹסַעַת לְיִשְׂרָאֵל.

3. אֵין לִי כּוֹבַע.

4. הִנֵּה מִיץ פֵּרוֹת.

5. יֵשׁ לִי כּוֹבַע.

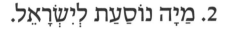
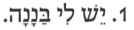

Tell Your Story

Fill in the blanks using the words below. Read your sentences to a classmate.

חָלָב סוּכָּר עֲנָבִים קָפֶה תֵּה מִיץ

1. יֵשׁ לִי __________(coffee), אֲבָל אֵין לִי __________(sugar).
2. אַתְּ רוֹצָה לֶאֱכוֹל __________(grapes)?
3. לֹא, אֲנִי רוֹצָה לִשְׁתּוֹת __________(juice).
4. אֲנִי רוֹצֶה לִשְׁתּוֹת __________(milk).
5. אַתָּה רוֹצֶה לִשְׁתּוֹת __________(tea)?

Short Answers

Use the prefixes below to fill in the blanks in the sentences.

לְ__ מִ__ וְ__ הַ__ בַּ__

1. אִמָּא נוֹסַעַת __טוֹרוֹנְטוֹ __יִשְׂרָאֵל.
2. אֵין כּוֹבַע __תִּיק.
3. בֵּן __דִינָה רוֹצִים לִשְׁתּוֹת מִיץ פֵּרוֹת.
4. דָנִיאֵל נוֹסֵעַ מִנְיוּ-יוֹרְק __מֶקְסִיקוֹ.
5. יֵשׁ בַּנָנָה __סוּכָּר __תִּיק.

לְהִתְרָאוֹת בְּתֵל-אָבִיב 5

NOW IN ISRAEL, Ben and Dinah are about to leave for a kibbutz, Daniel is on his way to visit family in Haifa, and Maya and her parents are going to Jerusalem. The group plans to meet again in Tel Aviv on Wednesday.

בֶּן: דִינָה, הִנֵּה הָאוֹטוֹבּוּס לַקִבּוּץ.

דִינָה: כֵּן, אֲנִי רוֹאָה אֶת הָאוֹטוֹבּוּס.

בֶּן: שָׁלוֹם מַיָה, שָׁלוֹם דָנִיאֵל.

דִינָה: אֲנַחְנוּ נוֹסְעִים בָּאוֹטוֹבּוּס לַקִבּוּץ.

מַיָה: לְהִתְרָאוֹת בְּיוֹם רְבִיעִי.

דָנִיאֵל: לְהִתְרָאוֹת בְּתֵל-אָבִיב.

מַיָה: דָנִיאֵל, אַתָּה נוֹסֵעַ עַכְשָׁו לְחֵיפָה?

דָנִיאֵל: כֵּן, הַמִשְׁפָּחָה שֶׁלִי בְּחֵיפָה.
אֲנִי רוֹאֶה אֶת הַדוֹד וְהַדוֹדָה שֶׁלִי.

מַיָה: שָׁלוֹם דָנִיאֵל, לְהִתְרָאוֹת בְּתֵל-אָבִיב.

אַבָּא: אֲנַחְנוּ נוֹסְעִים לִירוּשָׁלַיִם בְּמוֹנִית.

אִמָּא: מַיָה, הִנֵה מוֹנִית לִירוּשָׁלַיִם.
אֵיפֹה הַתִּיק שֶׁלָךְ?

מַיָה: אֲנִי לֹא רוֹאָה אֶת הַתִּיק שֶׁלִי.

אִמָּא: הִנֵה הַתִּיק שֶׁלָךְ.

מַיָה: אִמָּא, זֶה לֹא הַתִּיק שֶׁלִי . . .
זֶה הַתִּיק שֶׁל בֵּן!

אִמָּא: אוֹי, בֵּן בָּאוֹטוֹבּוּס.

מַיָה: בֵּן, בֵּן . . . הַתִּיק שֶׁלִי בָּאוֹטוֹבּוּס.

בֵּן: מַיָה, הִנֵה הַתִּיק שֶׁלָךְ!

מַיָה: תּוֹדָה בֵּן, הִנֵה הַתִּיק שֶׁלְךָ.

מִלוֹן

לְהִתְרָאוֹת	see you again
אוֹטוֹבּוּס	bus
רוֹאֶה/רוֹאָה	sees (m/f)
רוֹאִים/רוֹאוֹת	see (m/f pl)
יוֹם רְבִיעִי	Wednesday
מִשְׁפָּחָה, מִשְׁפָּחוֹת	family, families
דוֹד/דוֹדָה	uncle/aunt
מוֹנִית	taxi
אֵיפֹה	where (is)
שֶׁלְךָ/שֶׁלָךְ	your (m/f)
זֶה/זֹאת	this (is) (m/f)

Search and Circle

Circle the English meaning for each Hebrew word below.

bus	taxi	Sunday	1. אוֹטוֹבּוּס
families	hello	see you again	2. לְהִתְרָאוֹת
Monday	Wednesday	head	3. יוֹם רְבִיעִי
taxi	bus	family	4. מוֹנִית
we	family	milk	5. מִשְׁפָּחָה

Mix and Match Sentences

Use the words below to complete the sentences according to the story on pages 28-29.

בְּמוֹנִית   בְּחֵיפָה   בְּתֵל-אָבִיב   בָּאוֹטוֹבּוּס

1. כֵּן, הַמִּשְׁפָּחָה שֶׁלִּי ____________________.

2. אֲנַחְנוּ נוֹסְעִים לִירוּשָׁלַיִם ____________________.

3. אוֹי, בֵּן ____________________.

4. שָׁלוֹם דָּנִיאֵל, לְהִתְרָאוֹת ____________________.

יִשְׂרָאֵל!

Where Are They Going?

Based on the story on pages 28-29
draw a line from the person to the destination.
(Note: More than one person will be going to the same destination.)

אִמָא	
בֵּן	חֵיפָה
דִינָה	
מַיָה	יְרוּשָׁלַיִם
דָנִיאֵל	קִבּוּץ
אַבָּא	

A Perfect Fit

Circle the correct form of the verb in each sentence. Then read each sentence aloud. (Hint: Pay attention to masculine and feminine words!)

1. דִינָה רוֹאֶה/רוֹאָה אוֹטוֹבּוּס.

2. אַבָּא וְאִמָא נוֹסֵעַ/נוֹסְעִים בְּמוֹנִית.

3. זֶה/זֹאת הַתִּיק שֶׁל בֵּן.

4. מַיָה, זֹאת הָאִמָא שֶׁלְךָ/שֶׁלָךְ?

5. דָנִיאֵל רוֹצֶה/רוֹצָה לֶאֱכוֹל פֵּרוֹת.

6. אַתָּה הַדוֹד/הַדוֹדָה שֶׁל בֵּן?

What Do You Say?

Write the number of the Hebrew word that matches the English word in each talk bubble.
Choose from the words below:

1. שָׁלוֹם   2. לְהִתְרָאוֹת   3. עַכְשָׁו
4. אֵיפֹה   5. יוֹם רְבִיעִי   6. בְּבַקָשָׁה

hello
___

now
___

Wednesday
___

please
___

see you again
___

where (is)
___

Picture Match

Write the number of the Hebrew sentence that best describes each picture.

1. יֵשׁ לִי פֵּרוֹת.

2. הַמִשְׁפָּחָה נוֹסַעַת בְּמוֹנִית.

3. לְהִתְרָאוֹת!

4. הִנֵה כּוֹבַע גָדוֹל.

5. בֶּן וְדִינָה נוֹסְעִים בָּאוֹטוֹבּוּס.

___

___   ___   ___

32

His and Hers

In each sentence below, circle either שֶׁלְךָ ("your" for a boy) or שֶׁלָּךְ ("your" for a girl).

1. בֵּן, הִנֵּה הַתִּיק שֶׁלְךָ/שֶׁלָּךְ.
2. דִּינָה, הַסַּנְדָּלִים שֶׁלְךָ/שֶׁלָּךְ?
3. מַיָה, הִנֵּה אַבָּא שֶׁלְךָ/שֶׁלָּךְ.
4. אַתָּה רוֹצֶה לִשְׁתּוֹת קוֹלָה?
אֵיפֹה הַקּוֹלָה שֶׁלְךָ/שֶׁלָּךְ?
5. דָּנִיאֵל, זֹאת הַדּוֹדָה שֶׁלְךָ/שֶׁלָּךְ?

What's the Question?

Choose from the words below to complete the question for each answer.

מִי? אֵיפֹה? מַה?

1. ______ נוֹסֵעַ לִירוּשָׁלַיִם?
אַבָּא נוֹסֵעַ לִירוּשָׁלַיִם.

2. ______ דִּינָה?
דִּינָה בַּקִּבּוּץ.

3. ______ יֵשׁ בַּתִּיק?
יֵשׁ בְּגָדִים בַּתִּיק.

4. ______ רוֹצֶה בֵּן לֶאֱכוֹל?
בֵּן רוֹצֶה לֶאֱכוֹל פֵּרוֹת.

5. ______ הַסַּנְדָּלִים?
הַסַּנְדָּלִים בַּתִּיק.

6 בַּקִבּוּץ

BEN AND DINAH ARRIVE at the kibbutz and are greeted by one of the members, Gilad, who describes places on the kibbutz. Gilad offers Ben and Dinah something to eat but Ben has very specific tastes!

גִלְעָד: שָׁלוֹם חֲבֵרִים.
אֲנִי גָר בַּקִבּוּץ.

בֵּן: שָׁלוֹם, אֲנִי בֵּן,
אֲנִי מִמֶקְסִיקוֹ.

דִינָה: שָׁלוֹם, אֲנִי דִינָה,
אֲנִי מִטוֹרוֹנְטוֹ.

גִלְעָד: שָׁלוֹם, הִנֵה הַקִבּוּץ שֶׁלָנוּ.

בֵּן: זֶה קִבּוּץ גָדוֹל?

גִלְעָד: לֹא, זֶה קִבּוּץ קָטָן.

בֵּן: מַה יֵשׁ בַּקִבּוּץ?

גִלְעָד: בַּקִבּוּץ שֶׁלָנוּ
יֵשׁ הַרְבֵּה מִשְׁפָּחוֹת,
יֵשׁ בֵּית-סֵפֶר, יֵשׁ בֵּית-כְּנֶסֶת,
יֵשׁ גַן-פֵּרוֹת וְיֵשׁ חֲדַר-אֹכֶל גָדוֹל.

דִינָה: מִי עוֹבֵד בַּחֲדַר-הָאֹכֶל?

גִלְעָד: כָּל הַחֲבֵרִים עוֹבְדִים.
רוֹצִים לֶאֱכוֹל?

בֵּן: כֵּן, אֲנִי רוֹצֶה לֶאֱכוֹל.

דִּינָה: כֵּן, גַּם אֲנִי רוֹצָה לֶאֱכוֹל.

גִּלְעָד: יֵשׁ עַכְשָׁו הַרְבֵּה פֵּרוֹת
בַּחֲדַר-הָאֹכֶל.

בֵּן: אֲנִי לֹא רוֹצֶה פֵּרוֹת.
אֲנִי רוֹצֶה בּוּרִיטוֹ.

דִּינָה: בֵּן, אֲנַחְנוּ לֹא בְּמֶקְסִיקוֹ,
אֲנַחְנוּ בְּיִשְׂרָאֵל!

מִלּוֹן

friend, member (m/f)	חָבֵר/חֲבֵרָה
friends, members (m/f pl)	חֲבֵרִים/חֲבֵרוֹת
lives (m/f)	גָּר/גָּרָה
live (m/f pl)	גָּרִים/גָּרוֹת
our	שֶׁלָּנוּ
small	קָטָן
many, a lot	הַרְבֵּה
school	בֵּית-סֵפֶר
synagogue	בֵּית-כְּנֶסֶת
garden	גַּן
dining room	חֲדַר-אֹכֶל
works (m/f)	עוֹבֵד/עוֹבֶדֶת
work (m/f pl)	עוֹבְדִים/עוֹבְדוֹת
all, every	כָּל

Make the Connection

Connect each Hebrew word to its matching picture.

מוֹנִית

בֵּית-כְּנֶסֶת

פֵּרוֹת

אוֹטוֹבּוּס

חֲבֵרִים

Word Search

Find and circle each of the following Hebrew words in the grid below.
Then write the English meaning below each Hebrew word.

גָרִים	חֲבֵרִים	גָר, גָרָה	קִבּוּץ	גַן	קָטָן
________	________	________	________	________	________

ת	ע	ח	ו
ץ	וּ	בּ	ק
ג	ק	ר	ג
ן	ט	י	ר
נ	ן	ם	ה
ם	י	ר	ג

His, Hers, or Ours

In each sentence below, write either שֶׁלְּךָ, שֶׁלָּךְ, or שֶׁלָּנוּ.

1. אֲנַחְנוּ גָּרִים בַּקִּבּוּץ ______.

2. דִּינָה, הִנֵּה הַתִּיק ______.

3. בֵּן, הַבְּגָדִים ______ בַּתִּיק.

4. דָּנִיאֵל בַּמּוֹנִית. דָּנִיאֵל: הַמּוֹנִית ______.

5. אִמָּא, הַפֵּרוֹת ______?

6. אַבָּא, אַתָּה רוֹצֶה לִשְׁתּוֹת מַיִם? הִנֵּה הַמַּיִם ______.

יֶלֶד (boy) עוֹבֵד בַּקִּבּוּץ.

A Perfect Fit

Circle the correct word to complete each sentence.
Then read your sentences aloud.

1. אַתְּ חָבֵר/חֲבֵרָה שֶׁלִּי.

2. מַיָה וְאִמָא גָרִים/גָרוֹת בִּנְיוּ-יוֹרְק.

3. דָן נוֹסֵעַ/נוֹסַעַת מֵחֵיפָה לְתֵל-אָבִיב.

4. יֵשׁ הַרְבֵּה מִשְׁפָּחָה/מִשְׁפָּחוֹת בַּקִבּוּץ.

5. אַבָּא עוֹבֵד/עוֹבֶדֶת בִּנְיוּ-יוֹרְק.

6. דָנִיאֵל רוֹצֶה/רוֹצָה לֶאֱכוֹל בַּחֲדַר-הָאֹכֶל.

In the Dining Room

Complete the story by filling in the missing words below.

1. הַ__________ (family) שֶׁלִּי __________ (wants) לֶאֱכוֹל
בַּ________-________ (dining room).

2. יֵשׁ __________(many) מִשְׁפָּחוֹת בַּחֲדַר-הָאֹכֶל.

3. גַם הַ__________(friends) שֶׁלִּי רוֹצִים לֶאֱכוֹל בַּחֲדַר-הָאֹכֶל.

4. אֲנִי לֹא רוֹצָה ________ (fruit).

Odd One Out

In each line, circle the word that does not belong.
Then draw a picture to illustrate the word you circled.

1. בַּנָנָה עֲנָבִים פְּרִי כּוֹבַע ________
2. אַבָּא אֲנִי אַתָּה אֲנַחְנוּ ________
3. כּוֹבַע סַנְדָלִים מִיץ בְּגָדִים ________
4. נוֹסֵעַ נְיוּ-יוֹרְק נוֹסַעַת נוֹסְעִים ________
5. חָלָב קָפֶה מַיִם אוֹטוֹבּוּס ________
6. בֵּית-כְּנֶסֶת דוֹד מִשְׁפָּחָה אִמָּא ________
7. בֵּית-סֵפֶר בֵּית-כְּנֶסֶת חֲדַר-הָאֹכֶל מוֹנִית ________
8. שָׁלוֹם! גַּן לְהִתְרָאוֹת! תּוֹדָה! ________

7 בְּחֵיפָה

DANIEL STAYS WITH HIS AUNT AND UNCLE
and his cousin, Gil, in Haifa.

דוֹד: דָנִיאֵל, הִנֵּה הַבַּיִת שֶׁלָּנוּ.

דָנִיאֵל: הַבַּיִת יָפֶה.

דוֹדָה: תּוֹדָה. הַבַּיִת לֹא גָדוֹל, אֲבָל הַבַּיִת עַל הַר הַכַּרְמֶל!

דָנִיאֵל: מִי בַּבַּיִת?

דוֹד: אֲנִי, הַדוֹדָה שֶׁלְּךָ, וְהַיֶּלֶד שֶׁלָּנוּ.

דוֹדָה: גִיל, גִיל, הִנֵּה דָנִיאֵל.

גִיל: שָׁלוֹם דָנִיאֵל, מַה שְּׁלוֹמְךָ?

דָנִיאֵל: טוֹב, תּוֹדָה. מַה שְּׁלוֹמְךָ?

גִיל: בְּסֵדֶר. אַתָּה רוֹצֶה לִרְאוֹת אֶת הַחֶדֶר שֶׁלְּךָ?

דוֹדָה: אַתָּה רוֹצֶה לֶאֱכוֹל?

דָנִיאֵל: לֹא, תּוֹדָה. אֲנִי רוֹצֶה לִרְאוֹת אֶת הַחֶדֶר שֶׁלִּי.

גִיל: אַתָּה רוֹצֶה לָשִׂים אֶת הַתִּיק שֶׁלְּךָ בַּחֶדֶר?

דָנִיאֵל: כֵּן, תּוֹדָה.

גִיל: אַתָּה רוֹצֶה לְשַׂחֵק כַּדּוּרֶגֶל?

דָנִיאֵל: כֵּן, אֲנִי אוֹהֵב לְשַׂחֵק כַּדּוּרֶגֶל.

גִיל: הִנֵּה כַּדּוּר.

דָנִיאֵל: זֶה לֹא כַּדּוּר לְכַדּוּרֶגֶל.

דוֹד: דָנִיאֵל, זֶה כַּדּוּר לְכַדּוּרֶגֶל שֶׁלָּנוּ בְּיִשְׂרָאֵל
אֲבָל בְּאַמֶרִיקָה יֵשׁ כַּדּוּר אַחֵר.

דוֹדָה: יֵשׁ גַּם כַּדּוּר לְכַדּוּרְסַל.
רוֹצִים לְשַׂחֵק כַּדּוּרְסַל?

דָנִיאֵל: כֵּן, אֲנִי אוֹהֵב לְשַׂחֵק כַּדּוּרְסַל.

גִיל: גַּם אֲנִי.

מִלּוֹן

בַּיִת	house
יָפֶה/יָפָה	nice, pretty (m/f)
הַר	mountain
יֶלֶד/יַלְדָּה	boy/girl
יְלָדִים	children, boys
מַה שְׁלוֹמְךָ	how are you (m)
מַה שְׁלוֹמֵךְ	how are you (f)
טוֹב/טוֹבָה	good (m/f)
בְּסֵדֶר	okay, all right
לִרְאוֹת	to see
חֶדֶר	room
לָשִׂים	to put
לְשַׂחֵק	to play
כַּדּוּרֶגֶל	football, soccer
אוֹהֵב/אוֹהֶבֶת	likes, loves (m/f)
אוֹהֲבִים/אוֹהֲבוֹת	like, love (m/f pl)
כַּדּוּר	ball
אַחֵר	another, different
כַּדּוּרְסַל	basketball

In the Basket!

In each basket, write the English word(s) that match(es) the Hebrew word(s) on the basketball. Choose from the words on the scoreboard.

to play
ball
nice, pretty
room
to put
okay, all right
mountain
basketball

הַר
כַּדוּרְסַל

בְּסֵדֶר
לָשִׂים

כַּדוּר
לְשַׂחֵק
יָפֶה/יָפָה
חֶדֶר

A Perfect Fit

Circle the correct form of the verb in each sentence.
Then read your sentences aloud.

1. דָנִיאֵל אוֹהֵב/אוֹהֶבֶת לְשַׂחֵק כַּדוּרֶגֶל.

2. דִינָה רוֹצֶה/רוֹצָה לֶאֱכוֹל בַּנָנָה.

3. הַיְלָדִים גָר/גָרָה/גָרִים בְּתֵל-אָבִיב.

4. מַיָה וְדִינָה אוֹהֲבִים/אוֹהֲבוֹת לְשַׂחֵק כַּדוּרְסַל.

What's the Question?

Write the number of each answer in the space next to the corresponding question.

Q.

שָׁלוֹם, מַה שְּׁלוֹמְךָ? ___

מִי בַּבַּיִת? ___

אֵיפֹה דִּינָה? ___

אַתָּה רוֹצֶה לֶאֱכוֹל? ___

אַתְּ רוֹצָה לְשַׂחֵק כַּדּוּרֶגֶל? ___

A.

1. דִּינָה בַּחֶדֶר.
2. לֹא, תּוֹדָה.
   אֲנִי רוֹצָה לְשַׂחֵק כַּדּוּרְסַל.
3. טוֹב, תּוֹדָה.
4. כֵּן, תּוֹדָה.
   אֲנִי רוֹצֶה לֶאֱכוֹל עֲנָבִים.
5. בֵּן בַּבַּיִת.

הַבַּיִת עַל הַר הַכַּרְמֶל בְּחֵיפָה.

Picture Match

Put a ✔ next to the sentence if the picture matches the Hebrew.
Put an ✘ if the picture does not match the Hebrew.

___1. הַכַּדּוּר בַּתִּיק.

___2. הַיַּלְדָּה אוֹהֶבֶת לֶאֱכוֹל.

___3. הִנֵּה הַתִּיק שֶׁלִּי.

___4. הַסַּנְדָּלִים בַּתִּיק.

Pass the Pencil

Work in groups of three or more. One person reads the first line out loud, checks it off with a pencil, then passes the pencil to the next person.
The second person reads the next line, checks it off, and so on.
Repeat the activity until everyone has read all the lines.

☐ שָׁלוֹם מַיָּה, מַה שְׁלוֹמֵךְ?

☐ בְּסֵדֶר. מַה שְׁלוֹמְךָ?

☐ הַבַּיִת בִּירוּשָׁלַיִם.

☐ הַיְלָדִים אוֹהֲבִים לְשַׂחֵק כַּדּוּרֶגֶל.

☐ יֵשׁ כּוֹבַע גָּדוֹל בַּתִּיק.

☐ בְּבַקָּשָׁה לָשִׂים אֶת הַבְּגָדִים בַּחֶדֶר.

☐ עַכְשָׁו אֲנִי נוֹסַעַת לַקִּבּוּץ.

☐ יֵשׁ לִי קָפֶה, אֲבָל אֵין לִי חָלָב.

Tell Your Story

Write one or two sentences describing what you see in each picture.

_____

_____

_____

_____

_____

_____

_____

_____

_____

_____

_____

_____

_____

_____

_____

8 בִּירוּשָׁלַיִם

MAYA AND HER PARENTS are in Jerusalem where they
need to make a purchase for Maya's bat mitzvah ceremony.

מַיָה: אִמָּא, אַבָּא, אֲנִי רוֹאָה אֶת הַכֹּתֶל.

אִמָּא: מַיָה, אַתְּ רוֹצָה לָלֶכֶת לִרְאוֹת אֶת הַכֹּתֶל?

מַיָה: כֵּן, אִמָּא, אֲנִי רוֹצָה לָשִׂים תְּפִילָה בַּכֹּתֶל.

אַבָּא: מָחָר אֲנַחְנוּ נוֹסְעִים לַכֹּתֶל.

אִמָּא: אֲבָל הַיּוֹם צָרִיךְ לָלֶכֶת לַחֲנוּת לִקְנוֹת טַלִּית.

מַיָה: תּוֹדָה, אִמָּא. אֲנִי רוֹצָה טַלִּית יָפָה
לְבַת-הַמִּצְוָה שֶׁלִּי.

[מַיָה, אִמָּא וְאַבָּא בַּחֲנוּת]

אִמָּא: זֹאת חֲנוּת יָפָה.

מַיָה: מַה יֵּשׁ בַּחֲנוּת?

אַבָּא: אֲנִי רוֹאָה כּוֹס קִדּוּשׁ וְגַם כִּפּוֹת.

אִמָּא: אֲנִי רוֹאָה מְזוּזָה וְגַם חֲנוּכִּיָּה גְדוֹלָה.

יָה: אֲנִי לֹא רוֹאָה טַלִית.

בָּא: הִנֵה טַלִית בְּצֶבַע כָּחוֹל.

מָא: הִנֵה טַלִית בְּצֶבַע לָבָן.

יָה: אִמָא, אַבָּא, הִנֵה טַלִית יָפָה.
טַלִית בְּצֶבַע כָּחוֹל וְלָבָן.

אַבָּא: זֶה הַצֶבַע שֶׁל דֶגֶל יִשְׂרָאֵל, כָּחוֹל וְלָבָן.

מַיָה: אֲנִי אוֹהֶבֶת אֶת הַטַלִית הַזֹאת,
כִּי דֶגֶל יִשְׂרָאֵל כָּחוֹל וְלָבָן.
וְגַם הַטַלִית בְּצֶבַע כָּחוֹל וְלָבָן.

מִלּוֹן

הַכֹּתֶל	the (Western) Wall	טַלִית	*tallit*, prayer shawl
לָלֶכֶת	to go, to walk	כּוֹס קִדוּשׁ	Kiddush cup
תְּפִילָה, תְּפִילוֹת	prayer(s)	כִּפָּה, כִּפּוֹת	skullcap(s)
מָחָר	tomorrow	צֶבַע	color
הַיוֹם	today	כָּחוֹל	blue
צָרִיךְ/צְרִיכָה	needs (m/f)	לָבָן	white
חֲנוּת	store	דֶגֶל	flag
לִקְנוֹת	to buy	כִּי	because

Word Search

Read the Hebrew word in each box. Find the word in the chain of letters and circle it. Then write its meaning in the space.

________________	אֲעְפַטַלהַיוֹם	הַיוֹם
________________	נוֹחֲנוּתגָד	חֲנוּת
________________	קְרִתְּפִילָהעֵז	תְּפִילָה
________________	אַיִחֲמָחָרלוֹן	מָחָר
________________	טוּסדֶגֶלאוֹר	דֶגֶל
________________	חִלוֹטוֹבֵרֶן	טוֹב

Make the Connection

Draw a line from each Hebrew word to its English meaning.

skullcaps	חֲנוּת
to go, to walk	לִקְנוֹת
color	לָלֶכֶת
store	צֶבַע
to buy	כִּפּוֹת

A Perfect Fit

Circle the correct form of the word to complete each sentence.
Then read your sentences aloud.

1. אִמָּא וְאַבָּא רוֹאִים/רוֹאוֹת אֶת הַכֹּתֶל.
2. מַיָה רוֹצֶה/רוֹצָה לָשִׂים סַנְדָּלִים בַּתִּיק.
3. בֵּן, מַה שְׁלוֹמֵךְ/שְׁלוֹמְךָ?
4. הַיּוֹם דִּינָה צָרִיךְ/צְרִיכָה לָלֶכֶת לַחֲנוּת.
5. דָּן אוֹהֵב/אוֹהֶבֶת לְשַׂחֵק כַּדּוּרְסַל עִם מַיָה.
6. אֲנַחְנוּ גָּר/גָּרָה/גָּרִים בְּחֵיפָה.
7. כָּל הַחֲבֵרִים עוֹבֵד/עוֹבֶדֶת/עוֹבְדִים.
8. דִּינָה וְאִמָּא נוֹסַעַת/נוֹסְעוֹת לִירוּשָׁלַיִם בְּמוֹנִית.

Make the Connection

Draw a line to connect the words that are opposites or pairs.

כֵּן	אֵין
יֵשׁ	תּוֹדָה
דּוֹד	לָבָן
בְּבַקָּשָׁה	לֶאֱכוֹל
כָּחוֹל	אַבָּא
אִמָּא	מָחָר
לִשְׁתּוֹת	לֹא
הַיּוֹם	דוֹדָה

What's in the Store?

Draw a line from each Hebrew word or phrase to its matching picture.

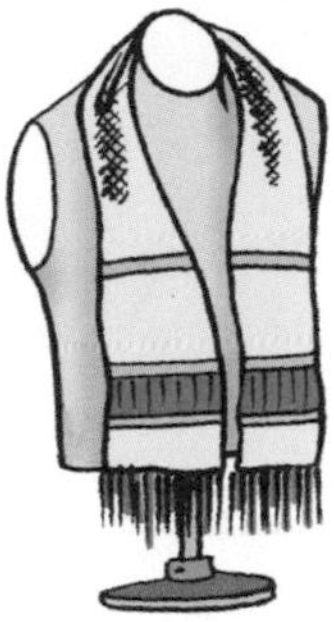

כִּפָּה

כּוֹס קִדּוּשׁ

מְזוּזָה

טַלִית

דֶּגֶל

Plan Your Trip

You're going to visit Israel. Plan your trip!
Write the places you would like to see in the order you would like to see them.

תֵּל-אָבִיב   חֵיפָה   יְרוּשָׁלַיִם   קִבּוּץ

Then draw a line to connect the place to the matching activity.

לִקְנוֹת כּוֹבַע בַּחֲנוּת   _____ .1

לִרְאוֹת אֶת הַר הַכַּרְמֶל   _____ .2

לֶאֱכוֹל בַּחֲדַר-הָאֹכֶל   _____ .3

לִרְאוֹת אֶת הַכֹּתֶל   _____ .4

Word Store

Complete the sentences below by filling in the missing words.

מָחָר הַטַלִית לָלֶכֶת הַכֹּתֶל לָשִׂים לִרְאוֹת

1. מַיָה, אַתְּ רוֹצָה _____ לִרְאוֹת אֶת הַכֹּתֶל?

2. אִמָא, אַבָּא, אֲנִי רוֹאָה אֶת _____.

3. אֲנִי רוֹצָה _____ תְּפִילָה בַּכֹּתֶל.

4. _____ אֲנַחְנוּ נוֹסְעִים _____ אֶת הַכֹּתֶל.

5. מַיָה וְאִמָא אוֹהֲבוֹת אֶת _____.

בַּחֲנוּת יֵשׁ חֲנוּכִּיָה.
יֵשׁ טַלִית? יֵשׁ מְזוּזָה?

51

9 בַּטֶלֶפוֹן

IN A TELEPHONE CONVERSATION,
the friends make plans
to meet in Tel Aviv.

בֵּן: שָׁלוֹם דָּנִיאֵל, מַה שְׁלוֹמְךָ?

דָּנִיאֵל: טוֹב, תּוֹדָה. מַה שְׁלוֹמְךָ?

בֵּן: בְּסֵדֶר. אַתָּה נוֹסֵעַ
מָחָר לְתֵל-אָבִיב?

דָּנִיאֵל: כֵּן, אֲנִי נוֹסֵעַ מָחָר לְתֵל-אָבִיב.
גַּם דִּינָה נוֹסַעַת?

בֵּן: כֵּן, אֲנִי וְדִינָה נוֹסְעִים
בְּיוֹם רְבִיעִי לְתֵל-אָבִיב.

דָּנִיאֵל: גַּם מַיָה נוֹסַעַת לְתֵל-אָבִיב?

בֵּן: אֵין לִי מִסְפַּר הַטֶּלֶפוֹן שֶׁל מַיָה.

דָּנִיאֵל: יֵשׁ לִי מִסְפַּר הַטֶּלֶפוֹן שֶׁל מַיָה:
שֶׁבַע, חָמֵשׁ, אַרְבַּע,
שֵׁשׁ, שְׁתַּיִם, אֶפֶס, תֵּשַׁע.

בֵּן: תּוֹדָה דָּנִיאֵל, לְהִתְרָאוֹת
בְּיוֹם רְבִיעִי בְּתֵל-אָבִיב.

בֵּן: שָׁלוֹם מַיָה, מַה שְׁלוֹמֵךְ?

מַיָה: בְּסֵדֶר בֵּן, מַה שְׁלוֹמְךָ?

בֵּן: טוֹב, תּוֹדָה. דִּינָה, דָּנִיאֵל וַאֲנִי נוֹסְעִים
מָחָר לְתֵל-אָבִיב. גַּם אַתְּ נוֹסַעַת?

מַיָה: כֵּן, גַּם אֲנִי נוֹסַעַת
מָחָר לְתֵל-אָבִיב.

בֵּן: אֲנַחְנוּ רוֹצִים לֶאֱכוֹל פִּיצָה
בְּשָׁעָה אַחַת בְּ"פִּיצָה הָאט".

מַיָה: דִּינָה וַאֲנִי אוֹהֲבוֹת פִּיצָה,
אֲבָל אֲנַחְנוּ רוֹצוֹת לֶאֱכוֹל פָּלָפֶל.

בֵּן: יֵשׁ גַּם פָּלָפֶל
עַל-יַד "פִּיצָה הָאט".

מַיָה: בְּסֵדֶר.
לְהִתְרָאוֹת בְּשָׁעָה אַחַת בְּתֵל-אָבִיב.

מִלּוֹן

מִסְפָּר	number	שֶׁבַע	seven
אֶפֶס	zero	שְׁמוֹנֶה	eight
אַחַת	one	תֵּשַׁע	nine
שְׁתַּיִם	two	עֶשֶׂר	ten
שָׁלֹשׁ	three	שָׁעָה	hour
אַרְבַּע	four	בְּשָׁעָה	at ____ o'clock
חָמֵשׁ	five	עַל-יַד	next to
שֵׁשׁ	six		

Answer the Telephone!

Write the number of each English word next to the telephone with the matching Hebrew word.

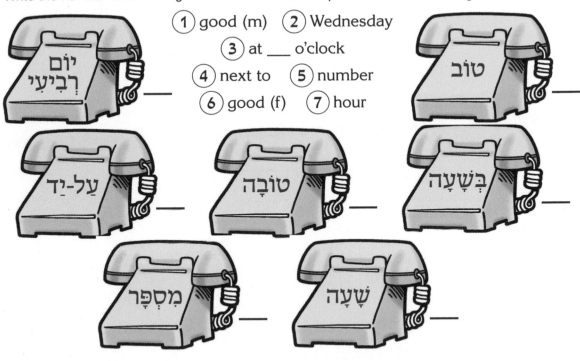

יוֹם
רְבִיעִי

___

(1) good (m) (2) Wednesday

(3) at ___ o'clock

(4) next to (5) number

(6) good (f) (7) hour

טוֹב

___

עַל-יַד

___

טוֹבָה

___

בְּשָׁעָה

___

מִסְפָּר

___

שָׁעָה

___

You're Invited

Read the invitation.
Then fill out the response card.

בַּר-מִצְוָה שֶׁל בֵּן
בְּיוֹם שַׁבָּת
בְּשָׁעָה עֶשֶׂר
בְּבֵית-הַכְּנֶסֶת

Can you attend? Circle one: כֵּן/לֹא

To reply by telephone, write the following numbers in the spaces below.
(Hint: Read the Hebrew from the right, but write the numbers from the left.)

←

שֶׁבַע, שֵׁשׁ, שְׁתַּיִם, אַרְבַּע, אַחַת, אֶפֶס, תֵּשַׁע

___ ___ ___ - ___ ___ ___ ___

→

Grand Prix Race

Play in pairs. The player whose birthday is closest to today decides who goes first. The first player reads the number out loud in Hebrew beginning at "Start." If that player forgets a number, it's the other player's turn. The first one to reach the finish line wins!

מַה מִסְפַּר הַטֶּלֶפוֹן
שֶׁלָּךְ/שֶׁלְּךָ?

What's Your Order?

The friends order food by number.
What does each friend order? Write the answer in English on each plate.

1. פִּיצָה
2. פָלָפֶל
3. בּוּרִיטוֹ
4. חָלָב
5. מִיץ
6. קוֹלָה
7. מַיִם
8. עֲנָבִים

שָׁלֹשׁ וְחָמֵשׁ.

שְׁתַּיִם וְשֵׁשׁ.

שְׁמוֹנָה וְשֶׁבַע.

Write the Hebrew word for each number.

1. _____ (8) יְלָדוֹת בַּגַּן.

2. דָּנִיֵּאל רוֹצֶה לִקְנוֹת (5) _____ כִּפּוֹת.

3. יֵשׁ לִי אִמָּא (1) _____ .

4. _____ (4) מִשְׁפָּחוֹת בָּאוֹטוֹבּוּס.

Shortcut

Go from Jerusalem to Tel Aviv in just five steps. Start at the top row and trace a shortcut by finding the Hebrew for the five English words below. Move down one space at a time.

Shortcut: 1. ten   2. next to   3. okay   4. prayers   5. tomorrow

יְרוּשָׁלַיִם

אַחֵר	שָׁעָה	עֶשֶׂר	מִסְפָּר	טוֹב
הִנֵּה	אֲבָל	רֹאשׁ	עַל-יָד	כּוֹבַע
לָשִׂים	קָטָן	בְּסֵדֶר	יָפֶה	תּוֹדָה
שֵׁשׁ	כָּל	תְּפִילוֹת	עוֹבְדִים	הַר
שְׁמוֹנֶה	מָחָר	חֲנוּת	דֶּגֶל	אֶפֶס

תֵּל-אָבִיב

Now create your own shortcut for a classmate.

10 בְּתֵל-אָבִיב

THE FRIENDS MEET at a restaurant in Tel Aviv and make plans to attend Maya's bat mitzvah ceremony in Jerusalem the next day.

דִינָה: שָׁלוֹם דָנִיאֵל, שָׁלוֹם מַיָה.

מַיָה: שָׁלוֹם חֲבֵרִים.

דָנִיאֵל: שָׁלוֹם בֵּן וְדִינָה.

בֵּן: רוֹצִים לֶאֱכוֹל פִּיצָה?

מַיָה: בֵּן, אֲנַחְנוּ בְּיִשְׂרָאֵל. בְּיִשְׂרָאֵל אוֹכְלִים פָלָפֶל.

דָנִיאֵל: כֵּן, אֲנִי רוֹצֶה פָלָפֶל.

בֵּן: מַה זֶה פָלָפֶל?

דָנִיאֵל: פָלָפֶל זֶה אֹכֶל שֶׁל יִשְׂרָאֵל, זֶה כְּמוֹ טַקוֹ.

בֵּן: טוֹב, גַם אֲנִי רוֹצֶה לֶאֱכוֹל פָלָפֶל.

מַיָה: הִנֵה מִסְעָדָה שֶׁל פָלָפֶל.

מַיָה וְדִינָה: אֲנַחְנוּ רוֹצוֹת פָּלָפֶל עִם סָלָט.

דָנִיאֵל: אֲנִי רוֹצֶה פָּלָפֶל בְּפִיתָה וַאֲנִי רוֹצֶה לִשְׁתּוֹת מִיץ.

בֵּן: אֲנִי לֹא רוֹצֶה הַרְבֵּה פָּלָפֶל, אֲבָל אֲנִי רוֹצֶה הַרְבֵּה סָלָט.
הַפָּלָפֶל טוֹב, אֲבָל זֶה לֹא טַקוֹ וְלֹא בּוּרִיטוֹ.

מַיָה: מָחָר, בְּיוֹם חֲמִישִׁי, אֲנִי בַּת-מִצְוָה.
אַתֶּם רוֹצִים לִנְסוֹעַ לִירוּשָׁלַיִם, לְבֵית-הַכְּנֶסֶת?

בֵּן: מַה יֵשׁ לֶאֱכוֹל?

מַיָה: יֵשׁ הַרְבֵּה אֹכֶל וְהַרְבֵּה עוּגוֹת.

דָנִיאֵל: אֲנִי בָּא.

דִינָה: גַם אֲנִי בָּאָה.

מַיָה: בְּתֵל-אָבִיב יֵשׁ אוֹטוֹבּוּס וְגַם מוֹנִית לִירוּשָׁלַיִם.
לְהִתְרָאוֹת בְּבֵית-הַכְּנֶסֶת.

מִלּוֹן

אוֹכְלִים/אוֹכְלוֹת	eat (m/f pl)
אֹכֶל	food
כְּמוֹ	like, as
מִסְעָדָה	restaurant
יוֹם חֲמִישִׁי	Thursday
אַתֶּם	you (pl)
עוּגוֹת	cakes
בָּא/בָּאָה	comes (m/f)
בָּאִים/בָּאוֹת	come (m/f pl)

A Perfect Fit

Circle the correct form of the verb to complete each sentence.
Then read your sentences aloud.

1. דִינָה בָּא/בָּאָה לַמִסְעָדָה.

2. הַדוֹדָה וְאִמָא בָּאָה/בָּאוֹת לַבַּיִת.

3. דוֹד וְדוֹדָה בָּאִים/בָּאוֹת לְבֵית-הַכְּנֶסֶת.

4. דָנִיאֵל בָּא/בָּאָה/בָּאִים לַקִבּוּץ.

5. בֵּן בָּא/בָּאָה לְתֵל-אָבִיב.

אוֹכְלִים וְשׁוֹתִים בְּמִסְעָדָה.

Yes or No?

Read each of the following sentences and based on the story decide whether it is true or false. Circle the letter in the correct column, כֵּן or לֹא.

	לֹא	כֵּן
1. הַחֲבֵרִים בַּמִסְעָדָה.	ח	בּ
2. בְּיִשְׂרָאֵל לֹא אוֹכְלִים פִּלְפֵּל.	ת	ט
3. דִינָה רוֹצָה פִּלְפֵּל עִם סָלָט.	ל	מ
4. דָנִיאֵל רוֹצֶה לִשְׁתּוֹת חָלָב.	צ	פ
5. דָנִיאֵל בָּא לִירוּשָׁלַיִם.	ק	ו
6. בְּתֵל-אָבִיב אֵין אוֹטוֹבּוּס לִירוּשָׁלַיִם.	ה	א

Copy each circled letter in the numbered space below to find a mystery phrase.

מָחָר _ַ _-הַ_ִ_ְ_ָ_ שֶׁל מַיָּה.

6 5 4 3   2 1

Picture Perfect

Choose one of the sentences above and draw it in the frame.

Make the Connection

Draw a line from each Hebrew word to its English meaning.

food	אַתֶּם
restaurant	אֹכֶל
cakes	יוֹם חֲמִישִׁי
you (pl)	עוּגוֹת
Thursday	מִסְעָדָה

A Perfect Fit

Fill in one of the following words to complete each sentence:

אַתְּ   אַתָּה   אַתֶּם

1. ______ נוֹסְעִים מִנְיוּ-יוֹרְק לְתֵל-אָבִיב.
2. ______ רוֹצָה לִשְׁתּוֹת קָפֶה עִם חָלָב?
3. ______ רוֹאֶה כַּדּוּר?
4. ______ גָּר בְּחֵיפָה.
5. ______ עוֹבְדִים בַּקִּבּוּץ.
6. ______ אוֹהֶבֶת לְשַׂחֵק כַּדּוּרְסַל.

Dial It Up

Choose one of the characters below and create your own Hebrew dialogue for him or her.
(Remember: Pay attention to masculine and feminine words.)
You can write key words from your dialogue on the blank lines.
Then share your dialogue with a classmate.

בַּת-מִצְוָה בִּירוּשָׁלַיִם

11

MAYA CELEBRATES BECOMING A BAT
MITZVAH at a synagogue in Jerusalem.
As usual, Ben has one thing on his mind.

דָּנִיאֵל: הִנֵּה בֵּית-הַכְּנֶסֶת.

בֵּן: דָּנִיאֵל, הִנֵּה כִּפָּה.

דָּנִיאֵל: תּוֹדָה, אֲנִי רוֹצֶה גַם טַלִּית.

דִּינָה: אֲנִי רוֹצָה לִרְאוֹת אֶת מַיָה.

בֵּן: הִנֵּה מַיָה. שָׁלוֹם מַיָה.

דָּנִיאֵל: מַזָל טוֹב, מַיָה.

מַיָה: שָׁלוֹם חֲבֵרִים. הִנֵּה הַמִּשְׁפָּחָה שֶׁלִּי.
זֶה הַדּוֹד וְזֹאת הַדּוֹדָה שֶׁלִּי.
זֶה בֶּן-דּוֹד וְזֹאת בַּת-דּוֹדָה שֶׁלִּי.

דָּנִיאֵל, בֵּן וְדִינָה: נָעִים מְאֹד.

בֵּן: הִנֵּה אַבָּא וְאִמָּא שֶׁל מַיָה.

אַבָּא: שָׁלוֹם, מַה שְׁלוֹמְכֶם?

אִמָּא: שָׁלוֹם חֲבֵרִים. הִנֵּה סַבָּא וְסַבְתָּא שֶׁל מַיָה.

מַיָה: כָּל הַמִשְׁפָּחָה שֶׁלִי גָרָה בְּיִשְׂרָאֵל.

אִמָּא: בְּבַקָשָׁה לָשֶׁבֶת, כִּי עַכְשָׁו מַיָה בַּת-מִצְוָה.

אַבָּא וְאִמָּא: מַיָה, הִנֵּה הַטַלִית.
הַיוֹם אַתְּ בַּת-מִצְוָה. מַזָל טוֹב.

מַיָה שָׁרָה תְּפִילוֹת. מַיָה קוֹרֵאת בַּתּוֹרָה.

בֵּן: אֲנִי רָעֵב (hungry).

דִינָה: שַׁ . . . מַיָה קוֹרֵאת בַּתּוֹרָה.
מַיָה שָׁרָה: "אֲדוֹן עוֹלָם".

כָּל הַמִשְׁפָּחָה וְכָל הַחֲבֵרִים שָׁרִים "מַזָל טוֹב".

מִלוֹן

מַזָל טוֹב	congratulations
בֶּן-דוֹד/בַּת-דוֹדָה	cousin (m/f)
נָעִים מְאֹד	pleased to meet you
מַה שְׁלוֹמְכֶם	how are you (pl)
סַבָּא	grandfather
סַבְתָּא	grandmother
לָשֶׁבֶת	to sit
שָׁר/שָׁרָה	sings (m/f)
שָׁרִים/שָׁרוֹת	sing (m/f pl)
קוֹרֵא/קוֹרֵאת	reads (m/f)
קוֹרְאִים/קוֹרְאוֹת	read (m/f pl)

Search and Circle

Circle the English meaning for each Hebrew word.

congratulations	to sit	pleased to meet you	1. נָעִים מְאֹד
pleased to meet you	sing	how are you (pl)	2. מַה שְׁלוֹמְכֶם
read (pl)	congratulations	cousin	3. מַזָל טוֹב
lives (m/f)	sings (m/f)	six	4. שָׁר/שָׁרָה
grandfather	grandmother	cousin	5. סַבְתָּא
sing (pl)	how are you (pl)	to sit	6. לָשֶׁבֶת
aunt	cousin (f)	bat mitzvah	7. בַּת-דוֹדָה
reads (m/f)	sings (m/f)	to buy	8. קוֹרֵא/קוֹרֵאת

Make the Connection

Draw a line from the statement or question on the right to the matching response on the left.

לְהִתְרָאוֹת!	זֶה אַבָּא וְזֹאת אִמָּא שֶׁלִּי.
תּוֹדָה.	אַתְּ רוֹצָה לֶאֱכוֹל?
טוֹב, תּוֹדָה.	הִנֵּה הָאוֹטוֹבּוּס!
נָעִים מְאֹד.	מַזָל טוֹב!
כֵּן, אֲנִי רוֹצָה פֵּרוֹת בְּבַקָּשָׁה.	מַה שְׁלוֹמְךָ?

A Perfect Fit

Circle the correct form of the verb to complete each sentence.
Then read your sentences aloud.

1. הַיְלָדִים בָּא/בָּאָה/בָּאִים לַמִסְעָדָה.

2. בֵּן קוֹרֵא/קוֹרֵאת/קוֹרְאִים תְּפִילוֹת.

3. אִמָא צָרִיךְ/צְרִיכָה לָשֶׁבֶת.

4. סַבָּא וְסַבְתָּא גָרִים/גָרוֹת בְּבַיִת יָפֶה.

5. מַיָה וְאִמָא שָׁרִים/שָׁרוֹת "אֲדוֹן עוֹלָם".

בַּת-מִצְוָה קוֹרֵאת בַּתּוֹרָה.

What's the Question?

Copy the sentence that answers each question. (Hint: The number of the sentence is written in Hebrew at the end of each question!)

אֵיפֹה הַחֲבֵרִים? (חָמֵשׁ) ____________________

מִי גָּרָה בְּיִשְׂרָאֵל? (שָׁלשׁ) ____________________

מַה רוֹצֶה דָּנִיאֵל? (שְׁתַּיִם) ____________________

יֵשׁ לְךָ כַּדּוּר? (אַחַת) ____________________

מִי רוֹצֶה לֶאֱכוֹל? (אַרְבַּע) ____________________

1. לֹא, אֵין לִי כַּדּוּר.
2. דָּנִיאֵל רוֹצֶה טַלִּית.
3. הַמִּשְׁפָּחָה שֶׁל מַיָה גָּרָה בְּיִשְׂרָאֵל.
4. בֵּן רוֹצֶה לֶאֱכוֹל.
5. הַחֲבֵרִים בְּבֵית-הַכְּנֶסֶת.

His and Hers

Connect each noun to its matching verb and write the English meaning of the verb on the blank line. Choose from the words below.
The first example has been completed for you.

sings reads comes needs likes

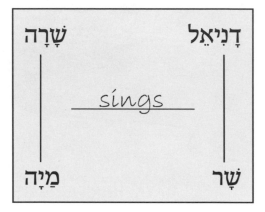

דָנִיאֵל שָׂרָה

sings

שָׁר מַיָה

אוֹהֶבֶת דִינָה

____

בֵּן אוֹהֵב

בֶּן-דוֹד קוֹרֵאת

____

קוֹרֵא בַּת-דוֹדָה

סַבְתָּא צָרִיךְ

____

צְרִיכָה סַבָּא

יֶלֶד בָּא

____

בָּאָה יַלְדָה

12 בַּמִּדְבָּר

MAYA, HER PARENTS, AND HER FRIENDS
travel through the desert on their way to Eilat,
the southernmost city of Israel,
on the shores of the Red Sea.

מַיָה: חֲבֵרִים, אַתֶּם רוֹצִים לִנְסוֹעַ מָחָר לְטִיוּל?
אַתֶּם רוֹצִים לִנְסוֹעַ לְאֵילַת?

אַבָּא: יֵשׁ לִי אוֹטוֹבּוּס קָטָן וְיֵשׁ הַרְבֵּה מָקוֹם.

בֵּן וְדִינָה: כֵּן, אֲנַחְנוּ רוֹצִים לִנְסוֹעַ לְאֵילַת.

דָנִיאֵל: גַם אֲנִי רוֹצֶה לִנְסוֹעַ לְאֵילַת.

אִמָא: חַם מְאֹד בְּאֵילַת. צָרִיךְ כּוֹבַע וְסַנְדָלִים.

מַיָה: צָרִיךְ גַם בֶּגֶד-יָם.

בֵּן: צָרִיךְ אֹכֶל.

אַבָּא: צָרִיךְ גַם הַרְבֵּה מַיִם.

מַיָה: לְהִתְרָאוֹת מָחָר בְּשָׁעָה שְׁמוֹנֶה.

מִיָה: שָׁלוֹם חֲבֵרִים. הַיוֹם כֵּיף.
הַיוֹם נוֹסְעִים לְאֵילַת.

אַבָּא: אֲנִי רוֹאֶה גָּמָל.

דָּנִיאֵל: אֲנִי רוֹאֶה הַרְבֵּה גְּמַלִים.

דִּינָה: אֵיפֹה אֲנַחְנוּ?

אַבָּא: אֲנַחְנוּ בַּמִּדְבָּר. בַּמִּדְבָּר יֵשׁ הַרְבֵּה גְּמַלִים.

מִיָה וְדִינָה: אֲנַחְנוּ רוֹצוֹת לָשֶׁבֶת עַל גָּמָל.

אַבָּא: טוֹב. גַּם אַתֶּם רוֹצִים לָשֶׁבֶת עַל גָּמָל?

בֵּן וְדָנִיאֵל: כֵּן, אֲנַחְנוּ רוֹצִים.

אַבָּא: גַּם בְּאֵילַת יֵשׁ גְּמַלִים.

דָּנִיאֵל: אֲנַחְנוּ נוֹסְעִים וְנוֹסְעִים. אֵיפֹה אֵילַת?

מִלוֹן

desert	מִדְבָּר
to travel	לִנְסוֹעַ
trip	טִיוּל
place, space	מָקוֹם
warm, hot	חַם
very	מְאֹד
swim suit	בֶּגֶד-יָם
fun	כֵּיף
camel(s)	גָּמָל, גְּמַלִים

Enjoy the Ride

Write the number of the Hebrew below the matching English word on each bus.

(1) מִדְבָּר (2) טִיּוּל (3) מָקוֹם (4) גָּמָל

(5) כֵּיף (6) בֶּגֶד-יָם (7) חַם (8) לִנְסוֹעַ

to travel

hot

swim suit

place

trip

fun

desert

camel

A Perfect Fit

Circle the correct form of the verb in each sentence.

1. בֵּן רוֹצֶה נוֹסֵעַ/לִנְסוֹעַ לְמִסְעָדָה בְּמוֹנִית.
2. הַמִּשְׁפָּחָה רוֹצָה נוֹסֵעַ/לִנְסוֹעַ לַקִּבּוּץ.
3. מַיָה וְאִמָּא נוֹסַעַת/נוֹסְעִים/נוֹסְעוֹת לִירוּשָׁלַיִם.
4. אֲנַחְנוּ נוֹסְעִים/לִנְסוֹעַ לְאֵילַת.

Camel Ride

Write the English word that matches the Hebrew word on each camel.
Choose from the following English words:

place, space   very   with   fun   hot

You will have five Hebrew words left over.
Write a sentence with those five words.

גָמָל

מָקוֹם

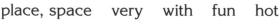

לָשֶׁבֶת

חַם

מְאֹד

דָנִיאֵל

רוֹצָה

כֵּיף

עַל

עִם

Crossword Puzzle

Write the plural of each clue word in the spaces on the puzzle.

ACROSS:

‎1. מִשְׁפָּחָה

‎2. (מַה) שְׁלוֹמְךָ

‎3. יֶלֶד

DOWN:

‎4. נוֹסֵעַ

‎5. גָּמָל

‎6. חָבֵר

אַתָּה רוֹצֶה לָשֶׁבֶת עַל גָּמָל?
אַתְּ רוֹצָה לָשֶׁבֶת עַל גָּמָל?

What's Missing?

Write the Hebrew word(s) from the list below to complete each sentence.

בֶּגֶד-יָם לְהִתְרָאוֹת גָמָל מָקוֹם כּוֹבַע

1. _____ מָחָר בְּשָׁעָה תֵּשַׁע. See you tomorrow at nine o'clock.

2. אֲנִי צְרִיכָה _____-____. I need a swim suit.

3. אֲנִי רוֹאֶה _____. I see a camel.

4. יֵשׁ הַרְבֵּה _____ בָּאוֹטוֹבּוּס. There is a lot of space on the bus.

5. אֵין לִי _____. I don't have a hat.

It Adds Up!

Add or subtract the numbers. Write the answers in number form in the spaces.

שְׁמוֹנֶה + אַחַת = _____

שֶׁבַע + אֶפֶס = _____

שְׁתַּיִם + אַרְבַּע = _____

תֵּשַׁע – שָׁלֹשׁ + שְׁתַּיִם = _____

שֵׁשׁ – אַחַת = _____

חָמֵשׁ + חָמֵשׁ = _____

בְּאֵילַת 13

OUR TRAVELERS ENJOY looking at the fish from the glass-bottom boat and cool off in the waters of Eilat.

בֶּן: הִנֵּה אֵילַת.

דִינָה: אֲנִי רוֹאָה יָם כָּחוֹל.

אִמָּא: רוֹצִים לָלֶכֶת לַיָּם?

אַבָּא: בְּאֵילַת יֵשׁ הַרְבֵּה דָּגִים יָפִים בַּיָּם.

אִמָּא: אֶפְשָׁר לָשֶׁבֶת בְּסִירָה וְלִרְאוֹת אֶת הַדָּגִים.

מַיָה: חֲבֵרִים, אַתֶּם רוֹצִים לָלֶכֶת לַסִּירָה?

חֲבֵרִים: כֵּן, אֲנַחְנוּ רוֹצִים.

דָּנִיאֵל: אֲנִי רוֹאֶה הַרְבֵּה דָּגִים יָפִים.

מַיָה: אֲנִי רוֹאָה דָּגִים בְּצֶבַע אָדוֹם וְלָבָן.

דִינָה: יֵשׁ גַּם דָּגִים בְּצֶבַע צָהוֹב וְאָדוֹם.

אַבָּא: הִנֵּה דָּג גָּדוֹל בְּצֶבַע יָרוֹק וְצָהוֹב.

מַיָה וְאִמָּא: אֲנַחְנוּ אוֹהֲבוֹת לִרְאוֹת דָּגִים.

בֶּן: אֲנִי אוֹהֵב לֶאֱכוֹל דָּגִים.

מַיָה: אַתֶּם רוֹצִים לְשַׂחֵק בַּיָּם?

אִמָּא: חַם מְאֹד בְּאֵילַת,
אֲבָל בַּיָּם לֹא חַם.

דִינָה: יֵשׁ לִי בֶּגֶד-יָם.
אֲנִי רוֹצָה לָלֶכֶת לַיָּם.

דָנִיאֵל: גַּם אֲנִי רוֹצֶה לָלֶכֶת לַיָּם.

בֵּן: גַּם אֲנִי.

דָנִיאֵל: לֹא חַם בַּמַּיִם.

דִינָה: קַר בַּמַּיִם.

בֵּן: טוֹב בַּמַּיִם.

מַיָה: אֲנִי רוֹאָה גְּמַלִּים.
רוֹצִים לָשֶׁבֶת עַל גָּמָל?

בֵּן, דִינָה וְדָנִיאֵל: לֹא רוֹצִים! כֵּיף בַּמַּיִם!

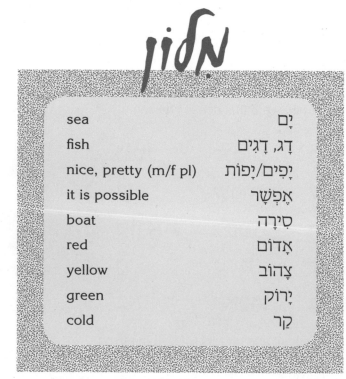

מִלּוֹן

יָם	sea
דָג, דָגִים	fish
יָפִים/יָפוֹת	nice, pretty (m/f pl)
אֶפְשָׁר	it is possible
סִירָה	boat
אָדוֹם	red
צָהוֹב	yellow
יָרוֹק	green
קַר	cold

Go Fishing!

sea

On each boat, write the Hebrew word that matches the English word on the wave. Choose from the following words:

יָם דָגִים קַר

אֶפְשָׁר סִירָה

boat

fish

possible

cold

Word Families

On each line, cross out the verb that doesn't belong.

1. נוֹסֵעַ לִנְסוֹעַ נוֹסְעִים לָשֶׁבֶת
2. שָׁר שָׁרָה לִשְׁתּוֹת שָׁרוֹת
3. קוֹרֵאת לִקְנוֹת קוֹרֵא קוֹרְאִים
4. גָר גָרִים לִרְאוֹת גָרָה
5. בָּא לֶאֱכוֹל בָּאוֹת בָּאִים

Choose one verb you crossed out and give its English meaning.

Verb:__________________ English meaning:__________________

What Color?

Write the color of each fish in the blank space below it.
Choose from the colors below:

יָרוֹק צָהוֹב כָּחוֹל אָדוֹם לָבָן

דָּג ______ דָּג ______ דָּג ______ דָּג ______ דָּג ______

Rebus and Write

Write the correct Hebrew word in the space next to each picture.
Choose from the words below:

דָּג סִירָה דֶּגֶל גָּמָל כַּדּוּר

בֵּן: אֲנִי רוֹאֶה ________ בַּיָּם.

מַיָה: זֶה לֹא ________, זֶה ________.

בֵּן: אַתְּ רוֹאָה ________ בְּצֶבַע יָרוֹק?

מַיָה: לֹא, אֲנִי רוֹאָה ________ בְּצֶבַע צָהוֹב.

בֵּן: מָה? אֵין ________.

אֲנִי רוֹאֶה ________ בְּצֶבַע כָּחוֹל וְלָבָן.

אַתְּ רוֹאָה ________?

מַיָה: לֹא, אֲנִי לֹא רוֹאָה ________.

בֵּן: טוֹב! גַּם אֲנִי לֹא רוֹאֶה ________!

79

Opposites Attract

Draw a line to connect each word on the right to its opposite on the left.

גָּדוֹל	חַם
לֹא	יַלְדָּה
בַּת-דּוֹדָה	קָטָן
קַר	כֵּן
יֶלֶד	בֶּן-דּוֹד

At the Dock

Unscramble the words below to write a sentence.

דָּגִים לִרְאוֹת רוֹצִים הַחֲבֵרִים לָלֶכֶת לַיָּם

____

Secret Sail

Cross out every second letter in each row on the boat to discover the Hebrew words that match the English below.

מגילסעדקגמיצסרקבּר
אדפהשׁגרמסתּיפּרמה

Write the Hebrew words from the boat in the correct spaces.

1. cold ______________
2. boat ______________
3. water ______________
4. fish (pl) ______________
5. it is possible ______________

You're the Author

Complete the sentences using the words below.
Read your sentences to a classmate.

דָגִים גָדוֹל אֶפְשָׁר לָבָן קַר

1. אֲנִי רוֹאֶה גָמָל ________.
2. יֵשׁ הַרְבֵּה ________ בַּיָם.
3. דֶגֶל יִשְׂרָאֵל בְּצֶבַע כָּחוֹל וְ________.
4. חַם בַּמִדְבָּר, ________ בַּמַיִם.
5. יֵשׁ לִי בֶּגֶד-יָם. ________ לָלֶכֶת לַיָם?

דָג בְּצֶבַע
כָּחוֹל
וְצָהוֹב.

בְּיַם הַמֶּלַח 14

THE CHILDREN FLOAT in the Dead Sea and play in
its mud before heading to the mountain of Masada.

אִמָּא: בַּמִּדְבָּר יֵשׁ עוֹד יָם, יַם-הַמֶּלַח.

אַבָּא: מָחָר אֲנַחְנוּ נוֹסְעִים לְיַם-הַמֶּלַח.

בֵּן: מֶלַח? אֲנִי אוֹהֵב לָשִׂים
מֶלַח עַל הָאֹכֶל שֶׁלִּי.

אִמָּא: בְּיַם-הַמֶּלַח יֵשׁ הַרְבֵּה, הַרְבֵּה מֶלַח.

דִינָה: אֶפְשָׁר לְשַׂחֵק בְּיַם-הַמֶּלַח?

אַבָּא: כֵּן, אֶפְשָׁר לָצוּף (to float) עַל הַיָּם,
וְאֶפְשָׁר לְשַׂחֵק בַּבּוֹץ (in the mud).

בְּיוֹם שֵׁנִי כָּל הַחֲבֵרִים נוֹסְעִים לְיַם-הַמֶּלַח.

מִיָה: כֵּיף לָצוּף בְּיַם-הַמֶּלַח. כֵּיף לְשַׂחֵק בַּבּוֹץ.

בֵּן: אֲנִי רוֹצֶה לִשְׁתּוֹת. יֵשׁ פֹּה מִסְעָדָה?

אִמָּא: יֵשׁ לִי מַיִם וְאֹכֶל,
אֶפְשָׁר לֶאֱכוֹל וְלִשְׁתּוֹת.

אַבָּא: עַכְשָׁו אֲנַחְנוּ נוֹסְעִים לִמְצָדָה.
מְצָדָה בַּמִּדְבָּר, עַל הַר גָּדוֹל.

דָּנִיאֵל: אֶפְשָׁר לַעֲלוֹת עַל הָהָר?

אַבָּא: כֵּן, אֶפְשָׁר לַעֲלוֹת עַל הָהָר.

אִמָּא: עַל הָהָר יֵשׁ בֵּית-כְּנֶסֶת עַתִּיק
וְיֵשׁ הַרְבֵּה עַתִּיקוֹת.

אַבָּא: עַכְשָׁו אֲנַחְנוּ עַל הָהָר.

דִּינָה: זֶה מָקוֹם יָפֶה.

אַבָּא: רוֹצִים לָשִׁיר תְּפִילָּה?

מַיָּה: אֲנִי רוֹצָה לָשִׁיר "שֶׁהֶחֱיָנוּ".

כָּל הַחֲבֵרִים שָׁרִים:
"שֶׁהֶחֱיָנוּ וְקִיְּמָנוּ וְהִגִּיעָנוּ לַזְּמַן הַזֶּה".

מִלּוֹן

יַם-הַמֶּלַח	the Dead Sea	מְצָדָה	Masada
עוֹד	more, another	לַעֲלוֹת	to go up
מֶלַח	salt	עַתִּיק	ancient
יוֹם שֵׁנִי	Monday	עַתִּיקוֹת	antiquities
פֹּה	here	לָשִׁיר	to sing

Search and Circle

Circle the English meaning for each Hebrew word.

Monday	Tuesday	Thursday	1. יוֹם שֵׁנִי
trip	it is possible	here	2. פֹּה
water	salt	sea	3. מֶלַח
to go up	to sing	to sit	4. לַעֲלוֹת
antiquities	ancient	more	5. עַתִּיק
ancient	antiquities	more	5. עַתִּיקוֹת

Climb Masada

Climb Masada in just five steps. Start at the bottom row and trace a shortcut by finding the Hebrew for the five English words below. Move up one space at a time.

antiquities salt more to go up here

מְצָדָה

אֶפְשָׁר	שָׁעָה	פֹּה	מִסְפָּר	מִדְבָּר
עַכְשָׁו	לַעֲלוֹת	עַתִּיק	עַל-יַד	לָשִׁיר
לָשִׂים	גָּדוֹל	עוֹד	בֶּגֶד-יָם	תּוֹדָה
לָשִׁיר	מֶלַח	תְּפִילוֹת	יוֹם שֵׁנִי	הַר
גְּמַלִּים	מָחָר	עַתִּיקוֹת	דֶּגֶל	חַם

Start Here

A Perfect Fit

Circle the correct form of the verb in each sentence.

1. אִמָּא אוֹהֵב/אוֹהֶבֶת לָלֶכֶת לַיָּם.
2. דָּנִיאֵל רוֹצֶה/רוֹצָה/רוֹצִים לַעֲלוֹת עַל הָהָר.
3. בֵּן וּמַיָה שָׁר/שָׁרָה/שָׁרִים תְּפִילָּה.
4. בֵּן צָרִיךְ/צְרִיכָה לֶאֱכוֹל.
5. אַתֶּם גָּר/גָּרָה/גָּרִים בְּתֵל-אָבִיב.

Put It in Order

Read the sentences below and number them from 1 to 5 in the order that they occur in the story on pages 82-83.

___ דִּינָה: אֶפְשָׁר לְשַׂחֵק בְּיָם-הַמֶּלַח?

___ דָּנִיאֵל: אֶפְשָׁר לַעֲלוֹת עַל הָהָר?

___ אִמָּא: בַּמִּדְבָּר יֵשׁ עוֹד יָם, יַם-הַמֶּלַח.

___ אַבָּא: עַכְשָׁו אֲנַחְנוּ עַל הָהָר.

___ דִּינָה: זֶה מָקוֹם יָפֶה.

Crossword Puzzle

Write the Hebrew translation for each English word in the correct spaces in the crossword.

ACROSS:
1. to put
2. to play
3. to drink
4. to go, to walk
5. to go up

DOWN:
1. to buy
3. to eat
4. to sit
5. to travel
6. to sing

כֵּיף לְשַׂחֵק בַּבּוֹץ בְּיַם הַמֶּלַח.

Make the Connection

Use one of the following words to complete each sentence.
Then match the drawings to the sentences.

עַל   עַל-יַד   בַּ___

1. קוֹלָה ______ מַיִם.
2. מִשְׁפָּחָה ______מוֹנִית.
3. כַּדּוּר ______ תִּיק.
4. כּוֹבַע ______ הָרֹאשׁ שֶׁל דִּינָה.

What's the Question?

Use the following words or phrases to answer the questions below.

בַּמִסְעָדָה   בְּיַם-הַמֶּלַח

בַּמִדְבָּר, עַל הַר גָּדוֹל   בַּמִדְבָּר

1. אֵיפֹה רוֹצִים לֶאֱכוֹל וְלִשְׁתּוֹת? ____________________
2. אֵיפֹה אֶפְשָׁר לָצוּף (to float)? ____________________
3. אֵיפֹה יַם-הַמֶּלַח? ____________________
4. אֵיפֹה מְצָדָה? ____________________

לְהִתְרָאוֹת חֲבֵרִים! **15**

AFTER VISITING A MARKET IN BE'ER-SHEVA,
the friends say good-bye. Daniel returns to Haifa, Ben
and Dinah head back to the kibbutz, and Maya and
her parents are bound for New York. They all say,
"L'hit'ra'ot!" — *"*Until we meet again!*"*

אִמָּא: מָחָר אֲנַחְנוּ נוֹסְעִים לִבְאֵר-שֶׁבַע
כִּי אֲנִי צְרִיכָה לִקְנוֹת מַתָּנוֹת בַּשׁוּק.

דִינָה: יוֹפִי, גַּם אֲנִי רוֹצָה לִקְנוֹת מַתָּנוֹת
לַמִשְׁפָּחָה שֶׁלִּי.

בֶּן: אֲנִי צָרִיךְ לִקְנוֹת כּוֹבַע.

דָנִיאֵל: אֲנִי רוֹצֶה לִקְנוֹת מַתָּנָה לַדוֹד וְלַדוֹדָה שֶׁלִּי.

אַבָּא: בְּאֵר-שֶׁבַע עִיר גְּדוֹלָה בַּמִדְבָּר.
בִּבְאֵר-שֶׁבַע יֵשׁ אוּנִיבֶרְסִיטָה גְדוֹלָה.

מַיָה: הִנֵּה הַשׁוּק.

אִמָּא וְדִינָה: יֵשׁ הַרְבֵּה אֲנָשִׁים. אֲנַחְנוּ רוֹצוֹת לָלֶכֶת לַשּׁוּק.

בַּשּׁוּק אִמָּא וְדִינָה קוֹנוֹת הַרְבֵּה מַתָּנוֹת.

אִמָּא: עַכְשָׁו אֲנַחְנוּ נוֹסְעִים לִירוּשָׁלַיִם.

בָּאוֹטוֹבּוּס, כָּל הַחֲבֵרִים שָׁרִים הַרְבֵּה שִׁירִים.

דָּנִיאֵל: מָחָר אֲנִי נוֹסֵעַ לְחֵיפָה.

בֵּן וְדִינָה: מָחָר אֲנַחְנוּ נוֹסְעִים לַקִּבּוּץ.

מַיָה: מָחָר אֲנַחְנוּ נוֹסְעִים לִנְיוּ-יוֹרְק.

אִמָּא: שָׁלוֹם חֲבֵרִים.

אַבָּא: שָׁלוֹם דָּנִיאֵל, שָׁלוֹם בֵּן וְדִינָה.

דָּנִיאֵל: תּוֹדָה עַל הַטִּיּוּל הַיָּפֶה.

דִּינָה: תּוֹדָה מַיָה, תּוֹדָה אִמָּא וְאַבָּא.

בֵּן: כֵּיף בְּיִשְׂרָאֵל. תּוֹדָה, תּוֹדָה.

מַיָה: שָׁלוֹם חֲבֵרִים, לְהִתְרָאוֹת.

מִלּוֹן

מַתָּנָה, מַתָּנוֹת	gift(s)	אֲנָשִׁים	people
שׁוּק	market	קוֹנֶה/קוֹנָה	buys (m/f)
יוֹפִי	great! beauty	קוֹנִים/קוֹנוֹת	buy (m/f pl)
עִיר	city	שִׁיר, שִׁירִים	song(s)

Watch the Endings

In Hebrew, plural words can end in either ִים or וֹת.

Write each word below in the correct column (one word per row).
Then write its meaning or draw a picture to illustrate it (your choice)!

אֲנָשִׁים מַתָּנוֹת דָּגִים גְּמַלִּים עוּגוֹת כִּפּוֹת

meaning	וֹת	ִים

בַּשּׁוּק אֶפְשָׁר לִקְנוֹת יְרָקוֹת (vegetables).

Yes or No?

Read each of the following sentences and based on the story decide whether it is true or false. Circle the letter in the correct column, כֵּן or לֹא.

כֵּן	לֹא	
ל	ח	1. בִּבְאֵר-שֶׁבַע אֶפְשָׁר לִקְנוֹת מַתָּנוֹת בַּשּׁוּק.
מ	ה	2. אֵין אוּנִיבֶרְסִיטָה בִּבְאֵר-שֶׁבַע.
ת	ט	3. יֵשׁ הַרְבֵּה גְּמַלִּים.
ק	ר	4. אִמָּא לֹא קוֹנָה מַתָּנוֹת.
צ	א	5. מַיָּה וְדִינָה נוֹסְעוֹת לְחֵיפָה.
ו	ע	6. אַבָּא, אִמָּא וּמַיָּה נוֹסְעִים לְנְיוּ-יוֹרְק.
ת	נ	7. כֵּיף בְּיִשְׂרָאֵל.

Copy each circled letter in the numbered space below to find a mystery phrase.

שָׁלוֹם חֲבֵרִים, _ _ _ _ _ _ _.

7 6 5 4 3 2 1

What's the Question?

Turn each answer below into a question.
Begin with one of the following words:

מִי? אֵיפֹה? מַה?

1. דָנִיאֵל רוֹאֶה גָמָל.

____

2. אִמָא וְסַבְתָא בְּבֵית-הַכְּנֶסֶת.

____

3. הַמַתָּנוֹת בַּתִּיק.

____

4. דִינָה קוֹנָה כּוֹבַע בַּחֲנוּת.

____

5. הַכֹּתֶל בִּירוּשָׁלַיִם.

____

Challenge: Can you think of more than one question for each answer?

Whose Is It?

Choose from the words below to complete each sentence.

שֶׁלִי שֶׁלְךָ שֶׁלָךְ שֶׁלָנוּ

1. יֵשׁ לִי טַלִית בְּצֶבַע כָּחוֹל. הַטַלִית ______.
2. הִנֵה הַדֶגֶל שֶׁל בֵּן. בֵּן, הַדֶגֶל ______.
3. אַבָּא וְדָנִיאֵל: הַכִּפּוֹת לֹא שֶׁל סַבָּא וְדוֹד, הַכִּפּוֹת ______.
4. אֲנַחְנוּ גָרִים פֹּה. הַבַּיִת ______.
5. מַיָה, הִנֵה הַסִירָה ______.

Which Doesn't Belong?

One word in each line doesn't belong. Circle it. Then explain why the word does not fit.

This word doesn't belong because:

1. עִיר קִבּוּץ הַר לְשַׂחֵק

2. אֲנָשִׁים יוֹפִי יְלָדִים חֲבֵרִים

3. כַּדוּרֶגֶל מִשְׁפָּחָה בֶּן-דוֹד סַבְתָּא

4. עֶשֶׂר שֶׁבַע אֶפֶס מַתָּנָה

5. חָלָב מִיץ שׁוּק קָפֶה

6. יָרוֹק שִׁירִים צָהוֹב אָדוֹם

Art Critic

In Hebrew, describe the picture below to a classmate.

93

מִלּוֹן

א

father	אַבָּא
but	אֲבָל
red	אָדוֹם
likes, loves (m/f)	אוֹהֵב/אוֹהֶבֶת
like, love (m/f pl)	אוֹהֲבִים/אוֹהֲבוֹת
bus	אוֹטוֹבּוּס
eat (m/f pl)	אוֹכְלִים/אוֹכְלוֹת
another, different	אַחֵר
one	אַחַת
there is/are not	אֵין
I don't have	אֵין לִי
where	אֵיפֹה
food	אֹכֶל
mother	אִמָּא
we	אֲנַחְנוּ
I	אֲנִי
people	אֲנָשִׁים
zero	אֶפֶס
it is possible	אֶפְשָׁר
four	אַרְבַּע
you (f)	אַתְּ
you (m)	אַתָּה
you (pl)	אַתֶּם

ב

in, in the	בְּ___, בַּ___
comes (m/f)	בָּא/בָּאָה
come (m/f pl)	בָּאִים/בָּאוֹת
please	בְּבַקָּשָׁה
swim suit	בֶּגֶד-יָם
clothes	בְּגָדִים
house	בַּיִת
synagogue	בֵּית-כְּנֶסֶת
school	בֵּית-סֵפֶר
cousin (m/f)	בֶּן-דּוֹד/בַּת-דּוֹדָה
okay, all right	בְּסֵדֶר
at ___ o'clock	בְּשָׁעָה

ג

big (m/f)	גָּדוֹל/גְּדוֹלָה
also	גַּם
camel(s)	גָּמָל, גְּמַלִּים
garden	גַּן
lives (m/f)	גָּר/גָּרָה
live (m/f pl)	גָּרִים/גָּרוֹת

ד

fish	דָּג, דָּגִים
flag	דֶּגֶל
uncle/aunt	דּוֹד/דּוֹדָה

ה

the	הַ___
today	הַיּוֹם
the (Western) Wall	הַכֹּתֶל
here is/are	הִנֵּה
mountain	הַר
many, a lot	הַרְבֵּה

ו

and	וְ___, וּ___

ז

this (is) (m/f)	זֶה/זֹאת

ח

friend, member (m/f)	חָבֵר/חֲבֵרָה
friends, members (m/f pl)	חֲבֵרִים/חֲבֵרוֹת
room	חֶדֶר
dining room	חֲדַר-אֹכֶל
milk	חָלָב
warm, hot	חַם
five	חָמֵשׁ
store	חֲנוּת

ט

good (m/f)	טוֹב/טוֹבָה
trip	טִיּוּל
tallit, prayer shawl	טַלִּית

י

Thursday	יוֹם חֲמִישִׁי
Sunday	יוֹם רִאשׁוֹן
Wednesday	יוֹם רְבִיעִי
Monday	יוֹם שֵׁנִי
great! beauty	יוֹפִי
boy/girl	יֶלֶד/יַלְדָּה
children, boys	יְלָדִים
sea	יָם
the Dead Sea	יַם-הַמֶּלַח
nice, pretty (m/f)	יָפֶה/יָפָה
nice, pretty (m/f pl)	יָפִים/יָפוֹת
green	יָרוֹק
there is/are	יֵשׁ
I have	יֵשׁ לִי

כ

ball	כַּדּוּר
football, soccer	כַּדּוּרֶגֶל
basketball	כַּדּוּרְסַל
hat	כּוֹבַע
Kiddush cup	כּוֹס קִדּוּשׁ
blue	כָּחוֹל
because	כִּי
fun	כֵּיף
all, every	כָּל
like, as	כְּמוֹ
yes	כֵּן
skullcap(s)	כִּפָּה, כִּפּוֹת

ל

to	לְ___
no	לֹא

Vocabulary

to eat . . . לֶאֱכוֹל
white . . . לָבָן
see you again . . . לְהִתְרָאוֹת
to go, to walk . . . לָלֶכֶת
to travel . . . לִנְסוֹעַ
to go up . . . לַעֲלוֹת
to buy . . . לִקְנוֹת
to see . . . לִרְאוֹת
to sit . . . לָשֶׁבֶת
to play . . . לְשַׂחֵק
to put . . . לָשִׂים
to sing . . . לָשִׁיר
to drink . . . לִשְׁתּוֹת

מ

from . . . מִ___
very . . . מְאֹד
desert . . . מִדְבָּר
what . . . מַה
מַה שְׁלוֹמְךָ/מַה שְׁלוֹמֵךְ . . . how are you (m/f) . . .
how are you (pl) מַה שְׁלוֹמְכֶם
taxi . . . מוֹנִית
congratulations . . . מַזָּל טוֹב
tomorrow . . . מָחָר
who . . . מִי
water . . . מַיִם
juice . . . מִיץ
salt . . . מֶלַח
restaurant . . . מִסְעָדָה
number . . . מִסְפָּר
Masada . . . מְצָדָה
place, space . . . מָקוֹם
מִשְׁפָּחָה, מִשְׁפָּחוֹת . . . family, families . . .
gift(s) . . . מַתָּנָה, מַתָּנוֹת

נ

travels (m/f) . . . נוֹסֵעַ/נוֹסַעַת
travel (m/f pl) נוֹסְעִים/נוֹסְעוֹת
pleased to meet you נָעִים מְאֹד

ס

grandfather . . . סַבָּא
grandmother . . . סַבְתָּא
sugar . . . סוּכָּר
boat . . . סִירָה
sandals . . . סַנְדָּלִים

ע

works (m/f) . . . עוֹבֵד/עוֹבֶדֶת
work (m/f pl) עוֹבְדִים/עוֹבְדוֹת
cakes . . . עוּגוֹת
more, another . . . עוֹד
city . . . עִיר
now . . . עַכְשָׁו
on . . . עַל
next to . . . עַל-יַד
with . . . עִם
grapes . . . עֲנָבִים
ten . . . עֶשֶׂר
ancient . . . עַתִּיק
antiquities . . . עַתִּיקוֹת

פ

here . . . פֹּה
fruit . . . פְּרִי, פֵּרוֹת

צ

color . . . צֶבַע
yellow . . . צָהוֹב
needs (m/f) . . . צָרִיךְ/צְרִיכָה

ק

kibbutz . . . קִבּוּץ
buys (m/f) . . . קוֹנֶה/קוֹנָה
buy (m/f pl) . . . קוֹנִים/קוֹנוֹת
reads (m/f) . . . קוֹרֵא/קוֹרֵאת
read (m/f pl) קוֹרְאִים/קוֹרְאוֹת
small . . . קָטָן
coffee . . . קָפֶה
cold . . . קַר

ר

head . . . רֹאשׁ
sees (m/f) . . . רוֹאֶה/רוֹאָה
see (m/f pl) . . . רוֹאִים/רוֹאוֹת
wants (m/f) . . . רוֹצֶה/רוֹצָה
want (m/f pl) . . . רוֹצִים/רוֹצוֹת

ש

seven . . . שֶׁבַע
market . . . שׁוּק
song(s) . . . שִׁיר, שִׁירִים
of, belonging to . . . שֶׁל
hello, good-bye, peace . . שָׁלוֹם
my, mine . . . שֶׁלִּי
your(s) (m/f) . . . שֶׁלְּךָ/שֶׁלָּךְ
our . . . שֶׁלָּנוּ
three . . . שָׁלֹשׁ
eight . . . שְׁמוֹנֶה
hour . . . שָׁעָה
sings (m/f) . . . שָׁר/שָׁרָה
sing (m/f pl) . . . שָׁרִים/שָׁרוֹת
six . . . שֵׁשׁ
two . . . שְׁתַּיִם

ת

tea . . . תֵּה
thank you . . . תּוֹדָה
bag, backpack . . . תִּיק
prayer(s) . . . תְּפִילָה, תְּפִילוֹת
nine . . . תֵּשַׁע

Verb Table

In the present tense, Hebrew verbs have four forms.

	Plural		Singular	
	Feminine	Masculine	Feminine	Masculine
love	אוֹהֲבוֹת	אוֹהֲבִים	אוֹהֶבֶת	אוֹהֵב
work	עוֹבְדוֹת	עוֹבְדִים	עוֹבֶדֶת	עוֹבֵד
come	בָּאוֹת	בָּאִים	בָּאָה	בָּא
live	גָּרוֹת	גָּרִים	גָּרָה	גָּר
sing	שָׁרוֹת	שָׁרִים	שָׁרָה	שָׁר
buy	קוֹנוֹת	קוֹנִים	קוֹנָה	קוֹנֶה
see	רוֹאוֹת	רוֹאִים	רוֹאָה	רוֹאֶה
want	רוֹצוֹת	רוֹצִים	רוֹצָה	רוֹצֶה
travel	נוֹסְעוֹת	נוֹסְעִים	נוֹסַעַת	נוֹסֵעַ
read	קוֹרְאוֹת	קוֹרְאִים	קוֹרֵאת	קוֹרֵא